GÉRER
LE **PERSONNEL**

Catalogage avant publication de Bibliothèque et Archives nationales du Québec et Bibliothèque et Archives Canada

Bédard, Isabelle, 1958-

Gérer le personnel

(Coach)

1. Personnel - Direction.   I. Titre.   II. Collection : Coach (Montréal, Québec).

HF5549.B42 2009   658.3   C2008-942272-4

Dépôts légaux
Bibliothèque nationale du Québec
Bibliothèque nationale du Canada
Imprimé au Canada

Diffusion en Amérique :
Prologue
1650, boulevard Lionel-Bertrand
Boisbriand (Québec) J7H 1N7
Canada
Téléphone : 1-800-363-2864
www.prologue.ca

Diffusion en Europe :
D.N.M.
30, rue Gay-Lussac
75005 Paris
France
Téléphone : 01.43.54.49.02
www.librairieduquebec.fr

Révision : Camille Pelletier Antaya
Conception graphique et mise en pages : Manon Léveillé
Photographies de couverture : Quentin

© Isabelle Quentin éditeur, 2008
http://iqe.qc.ca
ISBN : 978-2-922417-71-5

1 2 3 4 5 11 10 09 08

ISABELLE **BÉDARD**

GÉRER
LE **PERSONNEL**

SIMPLICITÉ
FLEXIBILITÉ
EFFICACITÉ

IQ

ORDRE DES **ADMINISTRATEURS AGRÉÉS** DU QUÉBEC

L'Ordre des administrateurs agréés du Québec salue l'initiative de l'auteure de promouvoir une culture de gestion axée sur les principes de saine gestion généralement reconnus (PSGGR) et le respect des employés.

Denise Brosseau, LL.L., D.D.N., MBA, Adm.A.
Directrice générale et Secrétaire
Ordre des administrateurs agréés du Québec

À Marie-Pierre et Sébastien Tardif-Bédard

Collection **COACH**

La collection Coach réunit pour vous les coachs vedettes de chaque discipline. Dans un langage concret, intime, ces coachs vous proposent nombre de cas, d'exercices et d'anecdotes. Ils partagent avec vous leurs approches maintes fois éprouvées et les techniques qui en découlent. Leur objectif : vous transmettre le meilleur d'eux-mêmes afin de vous permettre de mieux vous coacher vous-même.

Table des matières

9

Le coaching, un terme de plus en plus connu dans le domaine de la gestion, n'est pas un concept nouveau. Il tire ses racines d'une notion plus ancienne, que les temps modernes semblaient avoir écartée, celle du mentorat. Mentor était l'ami d'Ulysse, et il avait laissé le souvenir d'avoir été un excellent conseiller. Voilà que maintenant, dans un monde régi par des normes de performance et d'efficacité, par l'esprit de compétition et un souci de rapidité dans les prises de décision, et où règnent les professions de gestionnaire et d'administrateur, la présence du coach professionnel et personnel vient humaniser le milieu de travail, en y réintroduisant des composantes que nous avions oubliées : le dialogue, la communication, la discussion, le débat.

Dans un tel contexte, nous pouvons dès lors dire que le coach est un bâtisseur de relations et de liens. Car le coach est celui qui agit souvent en miroir, en aidant à l'accomplissement de son client. Le coach est la personne qui sait rester à l'écoute et qui est prête à orienter, à conseiller, à accompagner le client dans son évolution professionnelle. L'autonomie et l'épanouissement du client, l'atteinte des objectifs personnels et professionnels sont les valeurs qui sont développées grâce au travail du coach.

J'ai rencontré Isabelle Bédard, il y a une dizaine d'années, alors que j'étais dirigeant à l'Hôpital général juif Sir Mortimer B. Davis de Montréal. Elle a été mon coach individuel, mais elle a aussi travaillé avec l'équipe de gestionnaires que je dirigeais à l'époque. Depuis 2002, elle poursuit son magnifique travail d'accompagnement professionnel auprès des gestionnaires et des dirigeants du Centre universitaire de santé McGill, dont je suis un des représentants.

Isabelle Bédard s'est fait une règle d'or : inciter ses clients à viser l'excellence, à se surpasser et à toujours puiser le meilleur en eux. Il est bien connu que le milieu de la santé pose des défis et des problématiques complexes. C'est un milieu où les cadres doivent faire preuve de créativité, d'innovation, d'ardeur, de consistance, et être toujours en perfectionnement. C'est un milieu qui dessert une clientèle socialement et culturellement variée. Et les enjeux sont d'autant plus importants dans un cas comme celui du Centre universitaire de santé McGill, puisqu'il s'agit de repenser le système hospitalier pour proposer aux patients et aux patientes un nouvel établissement, dont le design vise le mieux-être des bénéficiaires. Sans aucun doute, seulement une équipe de gestion du plus haut niveau peut arriver à relever les défis que représente un tel projet de redéploiement. Et s'assurer d'avoir une telle équipe signifie : communiquer et consulter, coacher et mobiliser, constamment clarifier les objectifs, et mettre de l'avant les qualités personnelles et professionnelles des membres.

Je peux dire qu'Isabelle Bédard a admirablement réussi sa mission. En utilisant les méthodes de travail les plus novatrices, l'approche qu'elle adopte est toujours ajustée aux besoins spécifiques de ses clients. La place qu'elle accorde à la mise en valeur des qualités personnelles dans le travail, la manière dont elle sait accompagner ses collaborateurs dans le processus de connaissance et d'autoconnaissance, représentent des acquis incontestables pour tout cadre et toute entreprise. Tout en étant prête à discuter de sujets tels que la gestion du risque ou encore l'amélioration de la performance de l'entreprise, Isabelle Bédard promeut et transmet une valeur renouvelée de la notion d'équipe et de travail en équipe. C'est avec elle que j'ai pris conscience d'une chose que je n'arrête de me répéter depuis : pour être un dirigeant gagnant, il faut aimer les gens avec lesquels on travaille, leur donner du temps, les écouter et les entendre.

Basé sur sa longue expérience de collaboration avec le monde des affaires et celui des organisations gouvernementales et paragouvernementales, ce livre représente une avancée importante dans le domaine du coaching au Québec et ailleurs. C'est aussi un livre qui, tout comme son auteure, invite à la réflexion et à l'excellence.

YANAÏ ELBAZ
Directeur général associé
Redéploiement, planification
et gestion immobilière
Centre universitaire de santé McGill

Montréal, le 10 novembre 2008

Chapitre 1

LE **RECRUTEMENT** DU **PERSONNEL**

Quand vous recevez quelqu'un en entrevue, dites-vous bien que cette personne n'est pas à son meilleur. C'est normal, quand on pense à la fameuse expression qui dit qu'un candidat doit se « vendre » à un employeur. Mettez-vous à sa place ! Comment vous sentiriez-vous ? Personnellement, je n'aime pas cette façon d'aborder une entrevue. La personne en face de vous ne peut pas se vendre à vous. Vous ne deviendrez pas propriétaire de cette personne si vous « achetez » ses compétences ! Dans notre contexte nord-américain, cette personne demeurera tout à fait libre de vous quitter un jour. De votre côté, vous pourrez aussi briser le lien avec l'employé sans avoir à « revendre » la personne à un autre employeur.

Donc, le candidat vient plutôt vous proposer un marché : il vous offre ses habiletés en échange d'une expérience dans votre entreprise. Votre rôle comme recruteur est donc d'évaluer les habiletés du candidat et de comprendre en quoi votre entreprise pourrait constituer une expérience valable pour lui. Le portrait global vous semble-t-il attrayant ? Pouvez-vous tous les deux y gagner quelque chose ?

Intéressez-vous sincèrement à la personne qui est en face de vous. Écoutez l'histoire de sa vie avec respect et ouverture d'esprit. Permettez-lui de s'exprimer.

Intégrez ses expériences aux vôtres. Bref, passez un moment agréable en sa compagnie. Mettez-la à l'aise. Donnez-lui la possibilité de se révéler avec spontanéité, dans un climat accueillant. Elle pourra alors être elle-même plus facilement. Ainsi, vous aurez une idée plus juste de la façon dont elle se comportera dans votre équipe, si vous l'embauchez.

Lors de votre prochaine entrevue, essayez d'être naturel. Soyez accueillant et sympathique pour que le candidat puisse lui aussi passer un moment agréable en votre compagnie. N'oubliez pas, c'est en partenaire potentiel qu'il vient vous rencontrer.

LE PROCESSUS DE RECRUTEMENT

Le recrutement est une fonction spécialisée qui relève du domaine de la gestion des ressources humaines. Il est donc normal que peu de gestionnaires maîtrisent vraiment l'art du recrutement. Ils font de leur mieux, mais cette responsabilité qui leur incombe leur procure bien peu de plaisir.

Ils trouvent ça fastidieux et complexe, et les résultats sont souvent en deçà de leurs efforts et de leur investissement en temps. Lorsqu'on sait que la sélection du personnel joue un rôle prépondérant dans le potentiel de développement d'une entreprise, ceci est plutôt alarmant, ne trouvez-vous pas?

De façon générale, le processus de recrutement doit être abordé comme un projet, avec un budget et un échéancier. On ne parle pas ici d'un processus improvisé et vite fait, mais plutôt d'un processus bien planifié et structuré, qui mène à l'embauche du meilleur candidat possible. Un tel processus est découpé en une

 Mon niveau de confort

Pour faire un bon recrutement, vous devez pouvoir y consacrer le nombre d'heures nécessaires (disponibilité), tout en maîtrisant bien chacune des étapes (habiletés). Dans le tableau qui suit, vous trouverez toutes les étapes du processus de recrutement, ainsi que le temps qui doit y être alloué. Indiquez quel est votre niveau de confort (disponibilité + habiletés) pour chacune de ces étapes.

Étapes d'un processus de recrutement structuré	Calendrier opérationnel (approx.)	
Identification du profil du candidat recherché	Jour 1	
Rédaction pour l'affichage du poste	Jour 2	
Sélection des sites d'affichage les plus appropriés (max. 10)	Jour 3	
Approbation du budget pour les sites d'affichage	Jour 3	
Affichages	Jour 4	
Réception des CV	Jours 4 à 22	
Analyse des CV (3 min. par CV)	Jour 22	
Sélection des CV les plus pertinents (max. 10)	Jour 22	
Validations téléphoniques	Jours 23 à 26	
Convocation des candidats (max. 10)	Jour 26	
1res entrevues de sélection (ou tests techniques selon le cas)	Jours 28 à 34	
Sélection finale des meilleurs candidats (max. 5)	Jour 34	
Calendrier des 2e entrevues	Jour 35	
Convocation des candidats finalistes (max. 5)	Jour 35	
2e entrevues avec les candidats finalistes	Jours 37 à 39	
Choix du finaliste	Jour 39	
Vérification des références	Jours 40 à 42	
Tests psychométriques ou médicaux s'il y a lieu	Jour 45	
Offre d'emploi au finaliste	Jour 47	
Information aux candidats refusés	Jour 48	
Total	48 jours	

vingtaine d'activités opérationnelles qui s'échelonnent sur une période d'environ 6 semaines. Le processus prend fin lorsque vous êtes en mesure d'informer les candidats finalistes que vous avez fait votre choix et que la personne sélectionnée a accepté votre offre. À partir de cet instant, il vous faudra attendre de 1 à 4 semaines additionnelles avant que la personne n'entre en fonction dans son nouveau poste, puisqu'elle doit donner un avis de départ à son ancien employeur.

Quel est votre niveau de confort à chacune des étapes? Si vous avez répondu «peu confortable» ou «pas du tout confortable» à certaines étapes, n'hésitez pas à demander l'aide d'un spécialiste en recrutement, que ce soit votre conseiller en ressources humaines ou un consultant en sélection du personnel. Votre processus de recrutement sera plus efficace si vous avez recours à du soutien pour ces étapes.

	TEMPS REQUIS (NOMBRE D'HEURES APPROX.)	TRÈS CONFORTABLE	PLUTÔT CONFORTABLE	PEU CONFORTABLE	PAS DU TOUT CONFORTABLE
	1.0				
	3.0				
	4.0				
	0.5				
	2.0				
	1.0				
	2.0				
	1.0				
	2.0				
	1.0				
	13.0				
	0.5				
	1.0				
	0.5				
	7.0				
	1.0				
	1.0				
	4.0				
	1.0				
	0.5				
	47 HEURES				

LA GESTION DES CV NON SOLLICITÉS

À l'occasion, vous recevez des curriculum vitae que vous n'avez pas sollicités. Vous les recevez via votre site internet, par courriel, par la poste ou en mains propres par l'entremise de personnes dans votre entourage. Que faites-vous avec ces curriculum vitae? Vous arrive-t-il d'être hésitant et de ne pas savoir quelle suite y donner? Voyez ci-dessous comment procéder.

LA GESTION DES CV SOLLICITÉS

Lorsque vous démarrez un processus de recrutement structuré, vous espérez bien sûr recevoir suffisamment de CV pour avoir le choix entre quelques très bons candidats pour le poste à combler. Mais vous craignez en même temps d'être envahi par un grand nombre de CV plus ou moins pertinents. Voici quelques conseils qui vous aideront à gérer efficacement tous les CV que vous recevrez, dans le cadre d'un processus de recrutement pour un poste précis.

Quand on s'attend à recevoir plus de 30 curriculum vitae pour un même poste, il est préférable de les accumuler et de les traiter tous en même temps. Il est tentant d'analyser les CV au fur et à mesure que nous les recevons mais ça donne une qualité de présélection qui est très inégale.

VOICI COMMENT PROCÉDER AVEC LES CV NON SOLLICITÉS

1. Avant d'archiver ou de détruire un CV, accordez une attention immédiate et un traitement privilégié à tout candidat qui est référé par:

- un employé à l'interne ou un ex-employé;
- un membre de la direction;
- un ami à vous;
- un fournisseur;
- un membre du conseil d'administration;
- un collègue;
- une personne influente à l'extérieur de l'organisation.

2. Archivez seulement les CV qui sont pertinents. Détruisez tous les autres.

3. Tous les CV que vous archivez doivent être déposés dans un nombre restreint de répertoires, comme par exemple: Postes cadres, Postes professionnels, Postes de soutien. N'essayez pas de répertorier ces CV de façon plus précise pour l'instant. La plupart des CV que vous archivez deviendront désuets de toutes façons. Alors, attendez plutôt qu'un poste devienne disponible dans votre équipe avant d'y consacrer plus de temps et d'énergie.

4. À l'intérieur de chacun des répertoires, classez les CV par date d'expiration. Cette date correspond à 12 semaines après la date de réception du CV. À chaque jour, prenez soin de détruire les CV expirés.

5. Ne conservez aucun CV en archive pendant plus de 3 mois. Au-delà de cette période, le candidat n'est généralement plus disponible parce qu'il a eu le temps de trouver un emploi ailleurs — sauf bien sûr si vous lui avez fait une promesse d'embauche!

Testez vos nouvelles connaissances

Que feriez-vous dans les situations suivantes?

1. Le candidat a un profil intéressant mais aucun poste correspondant à son profil n'est disponible en ce moment dans l'entreprise.
   Réponse: Il faut archiver le CV pendant 3 mois.

2. Le candidat a un profil intéressant mais ce n'est pas avant six mois que nous pourrons embaucher de nouvelles personnes.
   Réponse: Il faut détruire le CV.

3. Le candidat n'a pas un profil intéressant.
   Réponse: Il faut détruire le CV.

4. Le candidat m'a été référé par un bon ami, mais son profil n'est pas vraiment pertinent.
   Réponse: Il faut détruire le CV et donner une attention personnalisée au candidat.

Une analyse rigoureuse des curriculum vitae nécessite qu'on puisse s'y consacrer entièrement, sans être interrompu par les opérations courantes.

Par conséquent, je vous recommande de bloquer une période de 3 heures, pendant laquelle vous traiterez l'ensemble des curriculum vitae que vous avez reçus. Un bloc de 3 heures vous permet de traiter un volume d'environ 45 CV, incluant des pauses santé. Vous vous concentrerez ainsi sur cette tâche, en éliminant toute possibilité de distraction. La présélection des curriculum vitae est une étape cruciale qui demande beaucoup de concentration. Il ne s'agit pas d'embaucher le premier postulant qui peut faire le travail, mais plutôt le meilleur parmi tous ceux qui ont déposé leur candidature, pourvu qu'il réponde adéquatement au profil recherché! (Encadré page suivante)

LA VALIDATION TÉLÉPHONIQUE

L'étape de validation téléphonique est une étape importante qui est souvent négligée par les gestionnaires. Vous est-il déjà arrivé d'apprendre avec désarroi, pendant l'entrevue, que le candidat exige un salaire nettement plus élevé que ce que vous pouvez offrir pour ce poste? Ou que le candidat ne parle pas le français, malgré que son CV soit rédigé dans cette langue? Ou encore qu'il ne soit pas disponible pour les déplacements fréquents reliés à la fonction? Ou que le candidat n'ait pas complété ses études?

Vous vous dites alors que si vous l'aviez su plus tôt, vous ne l'auriez pas convoqué en entrevue. En fait, vous lui avez fait perdre son temps et vous avez aussi perdu le vôtre, puisqu'il n'était pas éligible pour le poste, malgré le potentiel prometteur de son CV.

L'étape de validation téléphonique a comme objectif de vérifier ces informations auprès du candidat avant de le convoquer en entrevue. Cette étape ne prend que quelques minutes par candidat, mais elle vous assure que vous ne rencontrerez que des candidats qui sont «embauchables». Vous pourriez confier cette étape de validation à votre adjoint(e) ou à un conseiller externe en sélection du personnel. Il suffit que vous lui indiquiez les critères qui doivent être vérifiés. (Page 21)

VOICI COMMENT PROCÉDER AVEC LES CV SOLLICITÉS

1. Effectuez d'abord une première lecture rapide des CV. Ça vous permettra d'éliminer tous ceux qui ne conviennent pas pour le poste, en fonction des critères qui apparaissent dans le texte d'affichage (Ex.: n'a pas le diplôme requis, n'a pas d'expérience pertinente, etc.). Inscrivez la mention «NON» sur chacun des CV que vous éliminez (ou créez un sous-dossier «NON» dans votre ordinateur).

2. Enlevez du lot les CV qui portent la mention «NON». Conservez tous les autres et mélangez-les.

3. Maintenant, faites une 2e lecture des CV que vous avez conservés. Mais cette fois, élargissez le cadre de votre analyse en fonction du profil idéal que vous avez en tête pour ce poste. Pour chacun des CV, déterminez la mention à inscrire, soit: «CV peu intéressant»; «CV intéressant»; «CV très intéressant». À cette étape, une candidature qui vous semble parfaite recevra la mention «CV très intéressant». Notez qu'il arrive parfois qu'aucun CV ne se retrouve dans cette catégorie.

4. Enlevez du lot les CV qui portent la mention «peu intéressant». Conservez tous les autres et mélangez-les.

5. Maintenant, faites une 3e lecture des CV que vous avez conservés. Mais cette fois, élargissez le cadre de votre analyse en remettant en question votre jugement précédent (ce CV mérite-t-il vraiment cette mention?). Puis classifiez-les en 3 catégories. Ainsi pour chacun des CV, déterminez la mention à inscrire, soit: «CV peu intéressant»; «CV intéressant»; «CV très intéressant». N.B.: n'attribuez pas la mention «très intéressant» à plus de 10 candidats.

6. Enlevez du lot les CV qui portent la mention «peu intéressant».

7. Mettez de côté tous les CV qui portent la mention «intéressant». Ils constituent votre plan B en cas de besoin.

8. Communiquez par téléphone avec tous les candidats qui portent la mention «très intéressant», pour vérifier qu'ils respectent les critères apparaissant dans le texte d'affichage. C'est l'étape de validation téléphonique.

9. Convoquez en entrevue tous les candidats qui ont réussi l'étape de validation téléphonique. Ce sont les meilleurs candidats pour votre poste. Ils constituent votre plan A.

Comme vous pouvez le constater, il y a 3 niveaux de lecture qui conduisent à l'élimination progressive des candidats. Ça représente beaucoup de lecture, mais c'est tout de même la méthode la plus rapide, la plus fiable et la plus équitable en matière de présélection. Il est très important par ailleurs de procéder à l'analyse des CV dans le «désordre», pour éviter les erreurs occasionnées par la fatigue ou d'autres facteurs ayant pu modifier votre perception. Rappelez-vous que chaque curriculum vitae mérite une chance égale d'être bien analysé. À chaque nouvelle lecture, prenez donc soin de «remélanger» les CV.

Je m'exerce à bien lire un CV

Je prends un curriculum vitae et je le lis en commençant par la fin puis je remonte dans le temps, jusqu'à l'emploi actuel du candidat. J'essaie de me faire une idée de la façon dont la personne s'est développée sur le plan professionnel, depuis la fin de ses études. Je laisse monter en moi des hypothèses, des questions sur son parcours, sur ses choix, sur sa personnalité. Puis, je mets sur papier quatre questions que j'aimerais lui poser. Seulement quatre. En situation réelle, ce nombre limité de questions m'obligerait à me concentrer vraiment sur la personne, afin de bien écouter ce qu'elle raconte et de m'y intéresser sincèrement. Nous pourrions tous les deux être plus naturels et nous passerions ensemble un moment agréable, même s'il s'agit d'une entrevue.

Voici un exemple de grille à compléter pour la validation téléphonique.

GRILLE DE VALIDATION TÉLÉPHONIQUE	
Poste à combler :	Responsable du dossier :
Candidat :	Date de la validation :
Entrevue téléphonique menée par :	

CRITÈRES À VALIDER	RÉPONSE DU CANDIDAT
Expérience pertinente pour le poste	
Dernier diplôme obtenu, endroit, date	
Appartenance à un Ordre professionnel (si requis)	
Compétences linguistiques (si requis)	
Exigences salariales	
Commentaires de l'intervieweur	

L'ENTREVUE DE TYPE CONVERSATIONNEL

Les entrevues de type conversationnel sont généralement très appréciées des candidats parce qu'elles leur permettent d'exprimer leurs valeurs et de parler d'euxmêmes de façon plus ouverte que dans une entrevue conventionnelle. Les questions sont stimulantes et elles font appel à tout le vécu professionnel des candidats.

Dans ce type d'entrevue, l'atmosphère doit être détendue et il est même permis de rire et de sympathiser avec les candidats.

- Ne cherchez pas à attribuer des points pour chaque réponse.
- Concentrez-vous plutôt sur la cohérence du discours du candidat.
- Intéressez-vous sincèrement à son histoire.
- Tout au long de l'entrevue, gardez bien en tête le profil idéal que vous recherchez pour le poste à combler.
- Écoutez les réponses du candidat en l'imaginant dans le poste à combler.
- À la fin de l'entrevue, vous aurez recueilli suffisamment d'informations pour évaluer les chances de réussite du candidat dans votre environnement de travail.

LE PLAN D'ENTREVUE

Le plan d'entrevue qui suit a une durée d'environ 75 minutes. Pour vous familiariser avec les questions, commencez par y répondre vous-même, comme si vous étiez en recherche d'emploi. Après avoir « expérimenté » ce plan d'entrevue, il est possible que vous jugiez préférable de remplacer certaines questions ou de les adapter à votre contexte de travail. N'hésitez pas à le faire, car pour favoriser le mode conversationnel, vous devez d'abord maîtriser votre plan d'entrevue.

QUESTION	INTENTION
De tous les postes que vous avez occupés au cours de votre carrière, quel est celui qui vous ressemble le plus? Quel est celui qui vous a procuré le plus de satisfaction? Pourquoi?	Cette question vous renseigne sur le type d'emploi et d'environnement auxquels s'identifie le candidat. Compte tenu de sa réponse, croyez vous que le poste à combler pourrait être stimulant pour lui? Ses intérêts sont-ils compatibles avec le poste?
Pouvez-vous nous décrire une journée typique dans ce poste que vous avez tant aimé?	Cette question est liée à la question précédente. Dans le poste à combler, le candidat retrouvera-t-il le genre d'activités et d'emploi du temps qu'il a aimés? On obtient aussi des indications sur le niveau de compétence du candidat dans son domaine. Son expérience est-elle pertinente?

QUESTION	INTENTION
Que pensez-vous de votre emploi actuel (ou de votre emploi le plus récent, selon le cas)?	Cette question est utile pour cerner les raisons qui incitent le candidat à postuler pour ce poste. Le candidat exprime ce qu'il aime et ce qu'il n'aime pas dans son emploi. Le poste à combler répondra-t-il à ses besoins? On évalue aussi sa capacité de communiquer des informations délicates, sans porter atteinte à son employeur.
Si vous deviez annoncer à votre patron actuel que vous avez reçu une offre d'un autre employeur, comment réagirait-il d'après vous?	Cette question fournit des informations précieuses sur les motifs de départ du candidat et sur la qualité de ses relations avec son employeur actuel. Son patron tenterait-il de le convaincre de rester? Est-il déjà au courant de sa démarche? D'après vous, ses explications sont-elles crédibles ou cherche-t-il à camoufler certains événements?
Pour quelles raisons avez-vous quitté chacun de vos employeurs jusqu'à maintenant?	Cette question permet de recueillir des informations précieuses sur les valeurs du candidat et sur les environnements de travail qu'il a connus. A-t-il quitté pour obtenir un meilleur salaire? Est-il retourné aux études? A-t-il vécu un conflit de personnalité avec son patron? D'après vous, ses explications sont-elles crédibles ou cherche-t-il à camoufler certains événements?
Si vous n'aviez aucune contrainte financière, familiale ou autre, quel serait l'emploi idéal pour vous? Pourquoi?	Cette question permet de mieux comprendre la mentalité du candidat. Qu'est-ce qui le stimule? Souhaiterait-il être à son compte? Travailler à l'étranger? Le poste à combler est-il à l'opposé de son emploi idéal? On évalue aussi la cohérence de la réponse avec celles obtenues précédemment.
D'après vous, votre profil devrait correspondre à quel niveau salarial? Considérez-vous que votre salaire le plus récent est représentatif de votre valeur? Pourquoi?	Cette question est utile pour connaître les attentes réelles du candidat pour les aspects de rémunération directe et indirecte. Se considérerait-il sous-payé dans le poste à combler? Comment détermine-t-il sa valeur?

Question	Intention
Comment vous y prenez-vous pour maintenir vos connaissances professionnelles à jour?	On veut évaluer dans quelle mesure le candidat s'identifie positivement à son secteur d'activité. Fait-il des lectures, suit-il des cours, est-il un membre actif dans une association?
Quelle est l'envergure des projets dans lesquels vous avez été impliqué dernièrement? Quelle en était la durée, le budget, le nombre de ressources, d'utilisateurs, etc.?	Cette question permet de confirmer la valeur des expériences du candidat pour le poste à combler. Quelle était son implication dans ces projets? Ses propos sont-ils crédibles? Ont-ils de la profondeur?
Comment procédez-vous pour ne rien oublier dans le cadre de votre travail?	On veut évaluer la rigueur du candidat et son sens de la méthode. Son système d'aide-mémoire est-il intuitif ou structuré?
Si on vous donnait la possibilité de rebâtir complètement votre équipe de travail, avec quel genre de personnes choisiriez-vous de travailler? À quoi ressemblerait votre équipe de rêve?	Cette question vous renseigne sur les valeurs du candidat. Son équipe de rêve serait-elle formée surtout de gens forts techniquement, de gens sympathiques, de gens très disponibles? Avec quel genre de personnes s'entend-il le mieux? Retrouverait-il ça dans le poste à combler?
Dans votre domaine, comment peut-on évaluer l'efficacité d'une personne?	Cette question permet au candidat d'exprimer ce qu'il considère être un bon rendement dans sa fonction. À quoi accorde-t-il de l'importance?
Could you please repeat this answer in English?	Cette question permet de vérifier les capacités du candidat à communiquer en anglais (ou dans une autre langue, selon le cas), et avec un vocabulaire adapté à des situations qu'il connaît. Peut-il exprimer exactement la même chose que dans sa réponse en français?
D'après vous, comment une personne doit-elle s'y prendre pour établir rapidement sa crédibilité dans un nouvel environnement de travail?	Cette question vous renseigne sur les valeurs du candidat ainsi que sur son niveau d'expérience et de maturité. A-t-il connu différents contextes de travail? Pour s'intégrer, sait-il tenir compte de la culture en place?

QUESTION	INTENTION
Dans vos emplois précédents, quel souvenir croyez-vous que vos patrons ont gardé de vous? Que diraient-ils à votre sujet?	Cette question donne des indications sur les valeurs du candidat. Sur quoi met-il l'emphase? Les compétences techniques? L'esprit d'équipe? La disponibilité? D'après vous, ses propos sont-ils crédibles ou cherche-t-il à camoufler certains faits?
Supposons que vous obteniez le poste convoité. À votre avis, qu'est-ce qui pourrait vous amener à quitter notre entreprise un jour?	Cette question permet d'avoir une idée plus précise des valeurs et des ambitions professionnelles du candidat. Sa réponse est-elle acceptable pour le poste à combler? On évalue aussi la transparence du candidat. Sa réponse vous semble-t-elle sincère ou va-t-elle dans le sens de gagner vos faveurs?
Nous arrivons à la fin de l'entrevue. Y a-t-il des éléments sur lesquels vous aimeriez revenir? Y a-t-il des questions que vous auriez aimé que l'on vous pose?	Cette question laisse le mot de la fin au candidat en lui donnant la possibilité de clarifier certaines réponses ou de mettre en évidence des éléments qui lui tiennent à cœur.

APPRÉCIATION GÉNÉRALE DU CANDIDAT

À la page 27, vous trouverez une liste des caractéristiques les plus souvent recherchées par les employeurs. Évidemment, les employeurs n'accordent pas tous le même poids à ces caractéristiques. Tout dépend des exigences du poste à combler.

Ainsi, le poste que vous voulez combler nécessite peut-être que vous cochiez « très bien » à l'élément Fiabilité, mais pas à l'élément Présentation générale. Si la présentation générale du candidat n'est pas une nécessité pour le poste, ça signifie qu'une cote « moyen » sera suffisante tandis que pour la fiabilité, vous ne voudrez faire aucune concession là-dessus.

Voici comment utiliser cet outil:

- Réfléchissez à votre environnement de travail et au poste que vous devez combler.
- Identifiez les caractéristiques qui sont essentielles dans le poste.
- Éliminez toutes les autres de la liste.
- N'évaluez le candidat qu'en fonction des caractéristiques qui sont essentielles.
- Si le candidat n'obtient pas la cote « très bien » à chacune des caractéristiques que vous considérez essentielle, peut-être serait-il plus sage de ne pas l'embaucher. À vous de décider!

QUESTIONNAIRE ÉCLAIR POUR LES JEUNES CANDIDATS

Ce questionnaire a été conçu pour les jeunes candidats qui possèdent peu ou pas d'expérience professionnelle. Formulées dans un langage courant, les questions sont simples, directes et stimulantes. Les jeunes y répondront avec plaisir et vous obtiendrez une bonne indication du genre d'emploi qui peut convenir au tempérament de chacun. Malgré son jeune âge et son inexpérience, le candidat de la génération Y a déjà des idées bien arrêtées sur ce qui constitue un bon environnement de travail pour lui. Écoutez bien ce qu'il vous dit et demandez-vous si vos valeurs sont compatibles avec les siennes. Basez votre décision d'embauche sur vos affinités mutuelles.

Quel est l'emploi (ou le projet) que tu as aimé le plus jusqu'à maintenant, parmi tes expériences d'étudiant ou de bénévole?

Qu'est-ce que tu aimes (ou aimais) dans ça?

D'après toi, quelles qualités faut-il pour être bon là-dedans?

Quel est l'emploi (ou le projet) qui a pris le plus de ton temps jusqu'à maintenant?

Une journée de travail dans cet emploi (ou ce projet), ça ressemble (ou ressemblait) à quoi?

Qu'est-ce que tu as aimé le moins dans cet emploi (ou ce projet)? Pourquoi?

Quel est l'emploi que tu aimerais avoir un jour? Quel serait l'emploi de tes rêves?

Supposons que quelqu'un t'offre l'emploi de tes rêves mais que malheureusement, le salaire est très décevant. Est-ce que tu accepterais quand même cet emploi? Pourquoi?

D'après toi, quel est le genre d'emploi que tu détesterais avoir? Pourquoi?

Supposons que quelqu'un t'offre un emploi que tu détestes mais que le salaire est très intéressant. Est-ce que tu accepterais quand même cet emploi?

Grille d'appréciation générale du candidat

Quelles sont les caractéristiques essentielles pour le poste à combler («Très bien»)? Faites votre choix parmi les caractéristiques présentées dans le tableau suivant.

CANDIDAT:
DATE:

	TRÈS BIEN	MOYEN	DOUTEUX
Approche méthodique, structurée	☐	☐	☐
Attitude positive	☐	☐	☐
Autodiscipline	☐	☐	☐
Capacité d'analyse	☐	☐	☐
Capacité de travail	☐	☐	☐
Communication verbale	☐	☐	☐
Compatibilité avec l'équipe actuelle	☐	☐	☐
Compréhension du contexte spécifique	☐	☐	☐
Confiance en soi	☐	☐	☐
Débrouillardise	☐	☐	☐
Énergie, intensité, dynamisme	☐	☐	☐
Enthousiasme pour le poste	☐	☐	☐
Entregent	☐	☐	☐
Fiabilité	☐	☐	☐
Flexibilité et disponibilité	☐	☐	☐
Leadership	☐	☐	☐
Maturité	☐	☐	☐
Présentation générale, impact	☐	☐	☐
Professionnalisme	☐	☐	☐
Raffinement, distinction	☐	☐	☐
Rapidité d'intégration	☐	☐	☐
Sens des résultats	☐	☐	☐
Sens du service à la clientèle	☐	☐	☐
Simplicité, spontanéité	☐	☐	☐
Stabilité dans le poste	☐	☐	☐
Tolérance au stress et à la contrariété	☐	☐	☐
Transparence, sincérité	☐	☐	☐

QUELLES INFORMATIONS POUVEZ-VOUS TIRER DE CET EXERCICE?

Vous avez bien réfléchi aux caractéristiques qui sont essentielles pour avoir du succès dans le poste à combler. Votre rôle sera maintenant de vous assurer que les candidats possèdent bien ces caractéristiques. Vous ne devrez faire aucune concession là-dessus.

Quant aux autres caractéristiques, celles que vous avez retranchées de la liste, elles ne sont que des atouts supplémentaires pour le poste. Lorsque vous évaluez un candidat, vous ne devez pas vous laisser impressionner par ces atouts. Sans doute avez-vous déjà entendu parler de «l'effet de halo». Si le poste à combler ne nécessite pas de leadership, ne vous laissez pas impressionner par le candidat, du seul fait qu'il était le capitaine de son équipe de football au collège! Les atouts ne doivent être pris en considération que si vous avez à départager entre deux excellents candidats.

DES MOTS-CLÉS À RETENIR EN RECRUTEMENT

B comme dans BESOINS : prenez le temps de bien cerner vos besoins. Pourquoi voulez-vous recruter un nouvel employé ?

A comme dans AVENIR : ne vous contentez pas de peu. Embauchez seulement des gens avec lesquels vous pourrez être satisfait pendant longtemps.

C comme dans COMPRENDRE : faites preuve d'ouverture d'esprit et de psychologie. En entrevue, appliquez-vous à entendre au-delà des mots.

C comme dans COURTOISIE : respectez votre interlocuteur. Soyez aimable et ne le brusquez pas.

S comme dans S'INTÉRESSER : apprenez de l'expérience de l'autre. Écoutez les propos du candidat avec un intérêt sincère.

Q comme dans QUESTIONNER : n'hésitez pas à improviser de nouvelles questions durant l'entrevue pour clarifier certains éléments. Ne restez pas avec un doute.

D comme dans DISCERNEMENT : faites preuve de nuance dans l'interprétation des réponses. Tout n'est pas noir ou blanc. Ayez un jugement éclairé !

Le cas de Mustapha

Il y a quelques années, je suis allée rencontrer le gestionnaire Martin Cassis, qui m'a parlé en ces termes : *« J'aimerais vous confier le mandat de recruter une secrétaire qui pourra se joindre à mon équipe pour une période de quelques mois. Nous avons besoin de renfort le*

plus vite possible. Depuis l'arrivée du nouveau vice-président exécutif, le rythme de travail s'est beaucoup accéléré et mon département est désormais impliqué dans des projets de plus grande envergure. Certains de mes employés éprouvent d'ailleurs de la difficulté à s'adapter à la nouvelle vitesse de croisière. Mon département grossit rapidement et les trois personnes affectées au support administratif ne suffisent plus à la tâche.

« La personne comblera un besoin temporaire mais avec tout ce qu'il y a à faire ici, je suis convaincu que ce poste deviendra permanent éventuellement. Dans 6 mois ? Dans 1 an ? Ça, je n'en ai aucune idée, car la Direction des ressources humaines se montre plutôt réfractaire à la création de nouveaux postes permanents dans le domaine du soutien administratif.

« J'ai donc besoin d'une secrétaire qui sera disponible pour une période indéterminée d'au moins 3 mois et qui sera intéressée à rester avec nous de façon permanente, si ça se concrétisait du côté des Ressources humaines. Vous connaissez déjà nos exigences de recrutement pour un poste permanent : la personne doit être totalement bilingue à l'oral, et exceller en français écrit. Nous ne pouvons faire aucune concession là-dessus. Côté salaire, je sais que nos échelles sont plus basses que dans le marché, mais, par ailleurs, notre environnement de travail est très dynamique avec tous ces projets qui s'accumulent.

« La personne devra être opérationnelle très rapidement. Il faudrait donc qu'elle ait au moins deux années d'expérience dans son domaine. Évidemment, elle doit aussi avoir les qualités habituelles d'une secrétaire : raffinement, fiabilité, professionnalisme, tolérance au stress, débrouillardise, grande capacité de travail, bonne capacité d'analyse, approche méthodique, entregent, flexibilité, disponibilité, sens du

service à la clientèle. Oh oui, j'oubliais un petit détail : chez nous, le statut d'employé contractuel ou temporaire ne donne pas droit aux assurances collectives, ni aux jours de vacances ou de maladie. Je pense que je vous ai dressé le portrait complet de la situation. Je compte sur vous pour me dénicher la bonne personne ! ».

Nous voilà donc plongés dans un processus de recrutement comme tous les autres. Chaque entreprise a des besoins spécifiques qui découlent de son contexte organisationnel et c'est ça qui constitue les balises du travail du recruteur.

Parmi la trentaine de curriculum vitae que nous avons reçus pour ce poste, il y en avait quelques-uns qui correspondaient bien au profil recherché, du moins sur papier. Les étapes de validation téléphonique, de tests de qualification et d'entrevue permettraient de vérifier le tout et de faire un choix judicieux.

Mais il y avait aussi le curriculum vitae d'un homme d'environ 42 ans, Mustapha Aleddine. Ce candidat possédait une maîtrise en bibliothéconomie et il avait immigré chez nous le mois précédent. Dans son pays d'origine, il avait accumulé 17 ans d'expérience professionnelle et son dernier poste était celui de Directeur administratif dans une université. De toute évidence, M. Aleddine était habitué à travailler dans des conditions très différentes de notre poste de secrétaire.

Habituellement, le réflexe des recruteurs dans un tel cas est de ne pas donner suite à la candidature. En effet, comment une personne surqualifiée pourrait-elle se satisfaire d'une fonction moins complexe ?

Et pourtant, c'est Mustapha qui a obtenu l'emploi. Il s'est avéré être le meilleur candidat parmi tous. Il répondait à toutes les exigences du poste et bien qu'il n'ait pas les deux ans d'expérience requise en secrétariat, ses années d'expérience dans le domaine administratif compensaient largement. Il était prêt à accepter un salaire nettement en deçà de ce qu'il gagnait auparavant parce qu'il considérait prioritaire de s'intégrer au marché du travail le plus vite possible. *« C'est une question de fierté, madame ».* Mustapha était heureux d'accepter ce travail, même s'il ignorait la durée de cet emploi.

Il est finalement resté 18 mois à ce poste, sans qu'il ne devienne permanent. Les Ressources humaines ont bien autorisé la création d'un nouveau poste, mais dans un autre département. M. Cassis s'empressa toutefois de recommander Mustapha pour ce poste permanent. Et c'est à Mustapha que ce nouvel emploi a été offert ! On appréciait sa fiabilité et son professionnalisme de même que sa connaissance de l'entreprise et on avait désormais la possibilité de miser sur lui pour l'avenir.

Mustapha m'a téléphoné dernièrement. Étant depuis maintenant trois ans au service de l'entreprise, il était heureux de m'apprendre qu'il venait d'être promu au poste de Directeur adjoint à la gestion documentaire ! Il se souvenait avec émotion du jour où il avait choisi de renoncer à une carrière florissante et à de bons revenus financiers dans son pays. Comme beaucoup d'autres immigrants, son épouse et lui avaient eu la ferme intention d'offrir un ailleurs meilleur à leurs enfants, et ils étaient alors déterminés à faire les sacrifices nécessaires pour y arriver. Avec un sourire dans la voix, Mustapha se souvenait aussi de son premier patron, Martin Cassis, qui avait eu l'audace de lui offrir jadis un emploi incertain de secrétaire.

Activité de groupe : le cas de Mustapha

En tant que gestionnaire, vous pouvez utiliser le cas de Mustapha pour encourager une discussion ouverte avec vos employés sur le thème du recrutement et de l'embauche des nouveaux employés. Nous sommes tous appelés à travailler avec de nouvelles personnes de temps en temps et ça peut être vu comme du renfort ou comme une source de dérangement, selon le cas. Cette activité vous permettra d'en discuter entre vous et d'identifier quelques éléments qui pourraient vous aider à rendre votre environnement de travail plus attrayant pour de nouveaux employés.

Cette activité de groupe vous apportera les avantages suivants :

- Vos employés seront davantage sensibilisés aux difficultés de recrutement que vous rencontrez parfois ;
- Ils émettront quelques idées très valables pour attirer de nouveaux candidats ;
- Vous connaîtrez leur niveau de confort ou de résistance face au multiculturalisme à l'embauche ;
- Ils proposeront certaines améliorations pour rendre l'environnement de travail plus accueillant ;
- Vous aurez une meilleure idée de ce qu'ils pensent de l'entreprise comme employeur.

Réunissez vos employés, présentez-leur le cas de Mustapha et posez-leur les questions suivantes :

1. Que pensez-vous des exigences et des conditions d'emploi énoncées par Martin Cassis pour le poste de secrétaire ?

2. Si vous aviez été à la place de Martin Cassis, auriez-vous embauché Mustapha Aleddine ?

3. D'après vous, qu'est-ce qui a joué en la faveur de Mustapha pour qu'il obtienne le poste de secrétaire à son arrivée ici ? Formulez 5 hypothèses.

4. D'après vous, quelles sont les principales difficultés auxquelles Mustapha a été confronté en débutant dans ce poste ?

5. Comment réagissez-vous au fait que Mustapha occupe maintenant le poste de Directeur adjoint à la gestion documentaire ?

6. Parmi toutes les caractéristiques suivantes, quelles sont les trois qui vous semblent les plus valorisées dans notre milieu de travail ? Expliquez pourquoi.
    - raffinement
    - professionnalisme
    - débrouillardise
    - bonne capacité d'analyse
    - entregent
    - disponibilité
    - fiabilité
    - tolérance au stress
    - grande capacité de travail
    - approche méthodique
    - flexibilité
    - sens du service à la clientèle

7. D'après vous, que pourrions-nous faire pour attirer un plus grand nombre de candidats, de façon générale, pour nos futurs postes ?

J'OBSERVE MA PROPRE ATTITUDE...

- Vous est-il déjà arrivé d'offrir un emploi à un candidat «non conventionnel»? Dans quelles circonstances?
- En quoi son profil était-il atypique?
- Avez-vous regretté votre décision? Pourquoi?
- Si vous vous retrouviez dans les mêmes circonstances aujourd'hui, hésiteriez-vous à embaucher un candidat atypique?
- Comme gestionnaire, avec laquelle de ces situations n'êtes-vous pas confortable? a) embaucher une femme enceinte b) embaucher un immigrant sans expérience locale c) embaucher une personne de 60 ans d) embaucher la conjointe de votre patron.
- Vous considérez-vous comme un gestionnaire qui fait preuve d'ouverture d'esprit envers les candidatures atypiques?

JE DOIS ME RAPPELER QUE...

... avant de convoquer un candidat pour une entrevue, je dois d'abord avoir une idée précise du type de personnalité qui serait idéal pour le poste. C'est ce qui me servira de base de comparaison pour déterminer la valeur du candidat en entrevue. Mon choix se portera sur celui qui sera le plus proche du profil idéal, parmi tous les candidats finalistes.

LES PIÈGES À ÉVITER

- Envisager le recrutement comme une responsabilité de gestion peu stratégique;

- Gérer le processus de recrutement avec légèreté;
- Se contenter des cinq premières minutes de l'entrevue pour porter un jugement définitif;
- Traiter les candidats avec condescendance;
- Conclure une embauche rapide, sans faire l'effort de recruter le meilleur candidat entre tous;
- Garder en archive des CV peu intéressants.

LES PRATIQUES GAGNANTES

- Bien définir les besoins avant de démarrer le processus de recrutement;
- Mettre sur pied un comité de sélection;
- Lire un curriculum vitae en remontant dans le temps depuis les études;
- Conserver seulement les CV qui pourraient être utiles à court terme;
- Procéder à une validation téléphonique avant de convoquer les candidats en entrevue;
- Être accueillant, respectueux et sympathique envers les candidats;
- Être rigoureux et méthodique tout au long du processus.

JE POURRAI DIRE «MISSION ACCOMPLIE» LORSQUE...

... les entrevues ne seront plus des moments inconfortables pour moi. Je prendrai plaisir à rencontrer ces candidats qui sollicitent un poste dans mon département. J'apprécierai leur intérêt et je le leur rendrai bien. Même si la majorité d'entre eux ne seront pas sélectionnés, j'aurai pourtant le sentiment d'avoir laissé à chacun le souvenir d'un moment agréable en ma compagnie, en bon ambassadeur de l'entreprise.

LE COURRIER DU LECTEUR

Quelle est l'erreur la plus souvent commise par les employeurs au moment du recrutement?

Je trouve que leur plus grande erreur est de ne pas prendre le temps de redéfinir leurs besoins, lorsqu'un poste se libère. Ils sont portés, naturellement, à vouloir remplacer la personne qui a quitté, sans plus. Mais quand on y pense, un poste qui se libère est une occasion exceptionnelle de revoir l'organisation du travail, de créer une dynamique différente dans le groupe, d'équilibrer les forces, d'atténuer les faiblesses, de proposer des modifications à l'horaire de travail, etc. Il peut être très dommageable de procéder à une embauche rapide quand le besoin n'a pas d'abord été remis en question pour être ensuite clairement redéfini. Avant de démarrer un processus de recrutement, il faut se demander si l'on veut exactement ce qu'on avait avant. Il faut se questionner sur la nature du poste, son utilité, son envergure, sur son impact auprès de la clientèle, auprès des autres départements, et auprès des employés dans l'équipe. Il faut se questionner sur l'évolution future de ce poste en fonction des besoins de l'organisation à court et à moyen terme. Quel diplôme ou quelle formation serait maintenant souhaitable? Les exigences linguistiques sont-elles les mêmes qu'avant? La plus grosse erreur est de ne pas consacrer suffisamment de temps à cette réflexion.

Il faut procéder comme si on recommençait à neuf. Il faut tendre vers l'idéal. Un bon processus de recrutement a comme objectif de s'approcher de cet idéal. Mais tout ça commence d'abord par une définition du besoin.

Que considérez-vous important dans un curriculum vitae? Comment analysez-vous les informations que vous y trouvez?

Il faut voir le curriculum vitae comme une histoire. C'est l'histoire de la vie professionnelle d'une personne. Quand je lis un curriculum vitae, je commence donc au début de l'histoire et je remonte ensuite vers le présent, pour savoir ce qui s'est passé en cours de route. Ça m'apprend d'abord dans quel domaine la personne a étudié, à quel endroit, pendant combien de temps.

Je vois ensuite si elle a persévéré dans ce domaine ou si les circonstances l'ont plutôt emmenée ailleurs. Tout en remontant vers le présent, je m'attarde à la séquence de ses emplois, leur durée, leur diversité. J'essaie d'établir le cheminement logique de son vécu professionnel. J'essaie de comprendre comment elle a fait évoluer sa carrière jusqu'à maintenant.

Ce type d'analyse me permet de poser des hypothèses quant aux raisons qui amènent cette personne à rechercher un nouvel emploi. L'entrevue servira essentiellement à vérifier ces hypothèses, à comprendre ce qui a motivé la personne dans le passé et à cerner ce qu'il lui faut aujourd'hui pour continuer à être motivée. Je dois réussir à déterminer avec confiance si les exigences du poste pourront satisfaire ses aspirations.

J'essaie donc, à la lecture d'un curriculum vitae, de me faire une idée de la mentalité de la personne que je vais rencontrer.

Comment pouvons-nous évaluer notre efficacité en recrutement? Comment se mesure le succès en recrutement?

Votre succès se mesure à votre niveau de satisfaction. Que pensez-vous du candidat qui s'est joint à votre équipe, il y a quelques mois ? En êtes-vous satisfait ? Très satisfait ? Déçu ?

Le résultat attendu d'un recrutement bien effectué, c'est de pouvoir dire, après une période de 6 à 8 mois en poste, qu'on est « très » satisfait de la personne que l'on a embauchée. On a fait un « très » bon choix. C'est ça, le succès en recrutement.

En général, les gestionnaires ont-ils un bon taux de succès ?

D'après mes observations, les gestionnaires sont très satisfaits des choix qu'ils ont faits à l'embauche, dans un rapport de 1 sur 2. On parle donc d'un taux de succès de 50 %. Par ailleurs, ils se disent satisfaits dans 30 % des cas et déçus de 20 % des embauches qu'ils ont effectuées. Ces chiffres peuvent paraître encourageants : après tout, il y a quand même 8 embauches sur 10 qui ne sont pas décevantes ! Mais cela peut-il être considéré comme une réussite ? Je pense que dans le domaine du recrutement comme ailleurs, il vaut la peine d'investir dans la qualité. Un processus de recrutement, ça ne se gère pas avec légèreté.

Alors, comment peut-on améliorer notre rendement ?

En faisant de meilleures entrevues. Il faut s'intéresser sincèrement à la personne et essayer de comprendre sa mentalité, c'est-à-dire qu'il faut essayer de comprendre comment elle pense et pourquoi elle pense comme ça. C'est de cette façon que le recruteur peut cerner les valeurs du candidat. Par extrapolation, il arrive ensuite à imaginer comment le candidat réagirait dans telle ou telle situation au travail.

Par exemple, si une personne n'a jamais été sur le marché du travail, on peut tout de même avoir une idée assez juste du sérieux qu'elle appliquerait dans son emploi, si elle en avait un. Il s'agit simplement d'extrapoler la façon dont elle aborde ses loisirs, sa manière de s'acquitter de ses responsabilités familiales, etc. À travers son récit, le recruteur cherchera des indices pour déterminer dans quelle mesure la personne est sérieuse, responsable et fiable. Il va tenter de cerner les valeurs de la personne.

Sachant que les valeurs sont transposables d'un milieu à un autre, il procédera par extrapolation afin d'imaginer cette même personne dans le poste. C'est la qualité de l'extrapolation qui fait la qualité du recrutement. Donc pour améliorer la qualité du recrutement, il faut se donner la peine de mieux connaître les candidats.

Que pensez-vous de l'étape de prise de références avant d'embaucher un candidat ?

La prise de références est une étape utile parce qu'elle nous permet de vérifier les hypothèses ou d'en soulever de nouvelles au sujet d'un candidat finaliste. En recoupant les commentaires recueillis auprès de deux ou trois sources, certaines hypothèses peuvent être confirmées. Mais si un doute se crée lors de la prise de références, il est préférable de refaire une entrevue avec le candidat pour éclaircir les éléments d'incertitude. Les références ne doivent pas avoir plus de poids que notre propre jugement. On doit s'en servir seulement comme information complémentaire.

Est-ce qu'il est vraiment nécessaire d'envoyer des accusés réception aux candidats qui nous font parvenir leur curriculum vitae ?

De nos jours, l'envoi d'accusés de réception s'est raréfié à cause des mille autres priorités qui accaparent les gestionnaires. Mais il est toujours préférable d'envoyer un accusé de réception aux gens qui vous font parvenir leur curriculum vitae. C'est une marque de courtoisie qui est très appréciée des candidats, surtout lorsqu'ils se sont donnés la peine de personnaliser leur envoi. Comme solution de compromis, vous pouvez envoyer un courriel préformaté aux candidats. Voici un exemple de courriel qui pourra convenir dans tous les cas.

« Bonjour, nous avons bien reçu votre curriculum vitae et nous vous remercions de l'intérêt que vous manifestez envers notre entreprise. Nous n'hésiterons pas à communiquer avec vous si un poste correspondant à votre profil devenait disponible. Veuillez recevoir nos salutations les meilleures. »

L'envoi de ce petit mot standard ne prendra que quelques secondes de votre temps et vous ferez meilleure impression. Aussi, vous vous démarquerez de vos compétiteurs, puisque la plupart d'entre eux ne donnent aucun signe de vie aux candidats.

BLOC NOTES

Inscrivez les idées ou réflexions qui vous sont venues à l'esprit en lisant ce chapitre. Utilisez ensuite ces notes personnelles comme aide-mémoire en gestion du recrutement.

_____

_____

_____

_____

_____

_____

Chapitre 2

L'INTÉGRATION DES NOUVEAUX EMPLOYÉS

Lorsqu'un processus de recrutement a été effectué avec rigueur, il y a peu de risques que la personne que l'on embauche ne soit pas à la hauteur des attentes. Pourtant, le nouvel employé qui vient de l'extérieur est inquiet lorsqu'il arrive dans votre environnement. Saura-t-il être à la hauteur de vos attentes? Sera-t-il apprécié?

C'est lorsque votre nouvel employé aura la confirmation que vous êtes satisfait de lui qu'il commencera vraiment à travailler avec aisance et confiance. Il se sentira alors capable d'apporter une contribution significative à son nouvel environnement de travail.

Romain était très content de commencer à travailler chez Rossini inc. C'était son premier emploi professionnel et il se voyait déjà gravir les échelons de l'entreprise. Il était content de lui et il avait le sentiment d'être compétent. Il fut donc plutôt surpris lorsque son patron lui adressa des reproches au bout de quelques jours. Il lui demandait d'être plus rapide et plus précis dans les données qu'il transmettait à ses collègues.

Devant l'étonnement de Romain, son patron prit alors le temps de s'asseoir avec lui pour lui expliquer les impacts de son travail sur celui des autres. Il lui fit bien comprendre les interdépendances qui existent entre les différents postes de travail.

Son patron lui parla aussi de l'entreprise en général. Qui en sont les fondateurs, quelle a été son évolution, comment se démarque-t-elle aujourd'hui dans l'industrie, qu'est-ce qui pourrait menacer sa survie, quelle est la mission de leur département, comment la contribution de Romain peut aider à la performance globale de l'entreprise, etc.

Pour Romain, ces informations furent très enrichissantes. Il comprit ce que signifiait être utile et apprécié dans un poste comme le sien. Grâce à ces repères, il lui fut possible de travailler beaucoup plus efficacement et de développer rapidement sa compétence. Tout employé fonctionne mieux lorsqu'il comprend le contexte organisationnel dans lequel il évolue. On n'est jamais trop généreux en informations à ce sujet.

Pour bien intégrer un nouvel employé, il ne s'agit pas seulement de lui apprendre à effectuer ses tâches et à assumer ses nouvelles responsabilités. Il s'agit aussi de l'intégrer sur le plan organisationnel. Il faut lui permettre d'avoir un maximum d'informations, le plus rapidement possible, sur la façon dont les choses se vivent à l'interne.

Dans un premier temps, il doit acquérir une vision d'ensemble de ce qu'est la compagnie, de la façon dont le travail est réparti, du nombre de secteurs qui compose l'entreprise, de leur localisation, etc. Le nouvel employé trouvera intéressant de savoir qui sont les chefs, combien de personnes forment son équipe de travail, quelle est la raison d'être de son équipe.

Le nouvel employé est friand d'informations générales. Il en a besoin pour se situer dans l'environnement et pour établir ses repères. Essentiellement, il a besoin de comprendre quelle est la contribution qu'il peut apporter dans cette entreprise qu'il connaît peu ou pas du tout.

Un bon processus d'intégration consiste donc à structurer ces informations pour qu'elles soient aussi bénéfiques que possible pour le nouvel employé. Il s'agit d'en faire un projet, autour d'un calendrier détaillé qui comporte un début et une fin.

LE PROCESSUS D'INTÉGRATION

Dans un processus d'intégration structuré, plusieurs intervenants sont mis à contribution pour informer, orienter et encadrer le nouvel employé.

Par exemple, si le nouvel employé occupe un poste en développement de produits au Service du marketing, il sera mis en contact avec un représentant du Service des ventes, pour qu'il comprenne comment les nouveaux produits sont introduits auprès de la clientèle. Il sera aussi mis en contact avec un collègue du Service de la comptabilité, pour qu'il comprenne les étapes de facturation qui soutiennent le processus de vente de ces nouveaux produits.

Dans cet exemple, les intervenants sont des collègues qui travaillent dans des départements ayant des interrelations avec le Service du marketing. Leur implica-

tion auprès du nouvel employé ne prendra pas beaucoup de leur temps et, tout en créant des liens, ils contribueront à son intégration de façon significative. À leur contact et au contact des autres intervenants impliqués, le nouvel employé va rapidement développer une conscience élargie des ramifications de son propre rôle au sein de l'entreprise.

Le tableau qui suit présente les différents intervenants qui doivent être impliqués dans un processus d'intégration. On y retrouve aussi les raisons qui motivent leur implication (objectifs) et les éléments qui relèvent de chacun (points à couvrir). Dans les entreprises de petite taille, plusieurs fonctions peuvent être assumées par le même intervenant.

La durée du processus d'intégration varie selon que le nouvel employé arrive de l'externe ou de l'interne. S'il a obtenu le poste par mutation ou promotion interne, le calendrier sera adapté en fonction des connaissances organisationnelles qu'il possède déjà. Mais, règle générale, il faut compter environ 6 mois (120 jours ouvrables) pour qu'un nouvel employé soit bien intégré.

Tout au long du processus, il est très important de faire des suivis pour s'assurer que tout se déroule normalement. Plusieurs gestionnaires font l'erreur d'attendre à la fin de la période de probation pour prendre le pouls de la situation. Si des correctifs doivent être apportés, ça leur laisse bien peu de temps pour juger des chances de succès de leur nouvel employé.

Quant au nouvel employé, il est le principal acteur dans son processus d'intégration.

LES INTERVENANTS IMPLIQUÉS DANS LE PROCESSUS

Intervenant	Objectifs	Points à couvrir
Conseiller en ressources humaines	Formaliser l'embauche et accueillir l'employé au sein de l'entreprise	Contexte global de l'entreprise
		Présentation de l'organigramme de l'entreprise
		Documents administratifs (assurances, paie, carte d'accès, impôts, etc.)
		Présentation des lieux
		Règlements et politiques internes (horaires de travail, utilisation d'Internet, frais de déplacement, etc.)
		Structures salariales dans l'entreprise
		Suivi de l'intégration
Supérieur immédiat	Donner à l'employé des points de repère sur son rôle et sur le mode de fonctionnement du département	Présentation des collègues immédiats
		Présentation du personnel administratif (secrétaire, réceptionniste, etc.)
		Organigramme du département
		Raison d'être du département
		Organisation du travail dans le département
		Interrelations avec les autres départements
		Objectifs annuels du département
		Valeurs de gestion (ce que vous valorisez en tant que patron)
		Attentes envers l'employé
		Identification des principales personnes ressources pour l'employé
		Votre mode de rétroaction
		Présentation du plan d'intégration
		Présentation de la description de poste (si disponible)
		Suivi du processus d'intégration
		Rétroaction

Supérieur hiérarchique	Représenter la haute direction, créer un sentiment d'appartenance	Mot de bienvenue
		Importance du département de l'employé pour l'entreprise
Collègue sénior dans l'équipe	Accélérer le transfert de connaissances organisationnelles	Historique du département
		Personnes ressources pour l'employé
		Valeurs de gestion du patron
Collègue junior dans l'équipe	Informer et rassurer sur les difficultés d'intégration	Témoignage sur les difficultés rencontrées lors de son intégration
Collègue d'un département interrelié	Élargir la vision de l'employé, le sensibiliser aux enjeux organisationnels et à l'importance de son rôle, établir un niveau de collaboration	Rôle de son département
		Interdépendance avec le département de l'employé
		Personnes ressources dans le département au besoin
Équipier	Entraîner à la tâche, accélérer le transfert de connaissances techniques	Raison d'être du poste
		Principales interrelations à l'interne et à l'externe
		Normes de rendement du poste
		Description d'une journée type dans le poste
		Principaux obstacles au quotidien
		Personnes ressources dans le département en cas de besoin
		Conseils personnels
		Explications détaillées des tâches à accomplir
		Suivi sur le transfert de connaissances

LE TUTORAT

Lorsque votre nouvel employé aura complété son processus d'intégration sur une période de six mois, il sera ensuite laissé presque totalement à lui-même pendant les mois qui suivront. Et lorsqu'il aura terminé sa première année en poste, il aura droit, normalement, à une rétroaction formelle de votre part. C'est ce que nous appelons « l'évaluation annuelle du rendement ».

Au cours de cette évaluation, vous discuterez avec lui de ses forces, de ses atouts,

L'ENGAGEMENT DU NOUVEL EMPLOYÉ

RÔLE	RESPONSABILITÉS
Développer son autonomie le plus vite possible	✓ Expérimenter ses nouvelles fonctions
	✓ Apprendre de ses erreurs pour ne pas les reproduire
	✓ S'intéresser, s'informer, questionner
	✓ Prendre des notes, se faire des aide-mémoire
	✓ Mémoriser le nom des personnes ressources
	✓ Prendre connaissance des règlements et politiques de l'entreprise
	✓ Faire part de son vécu professionnel
	✓ Établir des relations cordiales avec tous
	✓ Se familiariser avec les outils liés à son poste, se documenter
	✓ Clarifier les situations ambiguës ou confuses

 La validation des premiers jours

À titre de supérieur immédiat, voici quelques questions à poser à votre nouvel employé à la fin de sa première semaine de travail (jour 5).

1. Comment as-tu trouvé ta première semaine?
2. Est-ce que ça se passe comme tu le pensais lorsque tu as accepté l'offre d'emploi?
3. Qu'est-ce que tu as appris au cours de cette semaine?
4. Y a-t-il des choses qui t'ont étonné?
5. Y a-t-il des choses qui t'ont agréablement surpris?
6. Y a-t-il des choses qui t'effraient un peu?
7. Comment trouves-tu tes collègues de travail?
8. Si tu rencontrais des difficultés, vers qui te tournerais-tu?
9. Qu'est-ce que je peux t'expliquer par rapport à ton travail?
10. Comment vois-tu ton rôle ici?
11. Comment vois-tu la suite des choses?
12. Quelle contribution penses-tu pouvoir apporter à notre équipe?

Soyez bien attentif aux réponses de votre employé. Elles vous indiqueront les correctifs à apporter à son plan d'intégration, s'il y a lieu.

mais aussi de ses difficultés et des aspects qui nuisent à sa progression. Vous parlerez aussi des objectifs de votre département pour les mois à venir et de la contribution que vous attendez de lui. Vous déterminerez ensemble la façon la plus appropriée d'évaluer sa contribution et vous vous entendrez sur les moyens dont il disposera pour vous donner satisfaction.

Une fois que ce sera fait, je vous recommande de confier votre employé à un tuteur. Au cours des six prochains mois, permettez-lui de bénéficier du support de l'un de vos collègues, pour consolider son intégration. Le tutorat corporatif est une pratique très bénéfique pour favoriser le sentiment d'appartenance, la rétention des ressources, la formation de la relève et pour témoigner de la reconnaissance.

Le tutorat est en fait une approche structurée de parrainage, qui met en scène un membre bien établi dans l'organisation et un membre en développement. Ce membre en développement, le « protégé », bénéficie du point de vue du tuteur quant à la contribution qu'il peut apporter à l'entreprise.

Leur relation est privilégiée parce que l'entreprise met à leur disposition des moyens concrets pour favoriser leurs échanges. En effet, leurs rencontres ont lieu pendant les heures de travail, à raison d'une fois par mois pour une période de 45 à 75 minutes. La relation est basée sur une série de six rencontres, bien que ce nombre puisse être rajusté à la hausse en cours de relation. Le contenu des rencontres est sous la responsabilité du tuteur, mais il est établi en collaboration avec le protégé.

De façon générale, un bon tuteur a une personnalité accessible et invitante et il est ouvert d'esprit. Il est patient et sincère envers les autres. Il croit au potentiel de son protégé et il assume son rôle de guide sans que ça ne soit étouffant, ni pour l'un, ni pour l'autre.

Habituellement, les cadres hiérarchiques qui sont bien établis dans l'entreprise sont tout à fait disposés à assumer le rôle de tuteur. Ayant atteint un certain degré de maturité, ils se sentent capables d'influencer les autres positivement en donnant un peu d'eux-mêmes. La dimension pédagogique du projet de tutorat les intéresse. Il faut donc voir la relation tuteur-protégé comme une relation stimulante pour les deux personnes. Cette relation peut clairement être envisagée comme un outil de croissance à l'intérieur d'une entre-

L'ENGAGEMENT DU TUTEUR

Rôle	Responsabilités
Favoriser l'épanouissement de l'employé au sein de l'entreprise	✓ S'intéresser au travail de l'employé
	✓ Lui faire part de sa façon de voir les choses
	✓ L'orienter selon le besoin, le conseiller
	✓ Respecter le caractère confidentiel des rencontres

LES 15 RÈGLES À SUIVRE POUR IMPLANTER UNE PRATIQUE DE TUTORAT EFFICACE

Si vous choisissez d'instaurer un programme structuré de tutorat dans votre entreprise ou votre département, assurez-vous de suivre les règles de fonctionnement suivantes. Le succès d'un tel programme dépend largement de la rigueur méthodologique et de la constance dont vous ferez preuve dans son application. Si possible, déléguez l'organisation logistique du programme à un coordonnateur pour qu'il en assure la bonne marche.

1. Le tuteur doit être un membre bien établi dans l'entreprise. Il jouit d'une bonne crédibilité ;

2. Le tuteur est désigné par la direction ou le service des ressources humaines ;

3. Le tuteur n'appartient pas au même secteur que son protégé (il ne peut pas être son patron) ;

4. Le futur protégé est identifié et recommandé par son supérieur immédiat ;

5. Le contenu et l'orientation des rencontres sont sous la responsabilité du tuteur ;

6. Les propos échangés durant la rencontre doivent conserver un caractère confidentiel ;

7. L'ordre du jour des rencontres est établi conjointement par le tuteur et son protégé, en tenant compte de leurs obligations respectives ;

8. La tenue des rencontres est sous la responsabilité du tuteur ;

9. Le tuteur ne doit pas rédiger de rapport suite à la rencontre. Il ne doit y avoir aucune surcharge de travail pour le tuteur ;

10. Le tuteur ne donne pas de « devoirs » à faire à son protégé entre les rencontres. Il ne doit y avoir aucune surcharge de travail pour le protégé ;

11. Une rencontre entre le tuteur et son protégé doit avoir lieu à toutes les 4 semaines ;

12. Chaque rencontre dure de 45 à 75 minutes, selon le contenu et le besoin ;

13. Les rencontres ont lieu pendant les heures de travail ;

14. Le programme s'échelonne sur une période de 6 mois (6 rencontres) ;

15. Une prolongation de 1 à 3 mois est possible si le tuteur et le protégé en expriment le souhait.

prise, parce qu'elle sous-tend une grande complicité entre des partenaires qui travaillent à une même cause : l'entreprise.

Ce que le tuteur offre à son protégé et ce que le protégé accepte de son tuteur est en réalité un échange perceptuel de la culture même de l'entreprise, entre un niveau hiérarchique et un autre. Si une entreprise dispose d'un grand nombre de relations tuteur-protégé, on peut facilement imaginer la vivacité et le dynamisme de l'environnement de travail !

Dans le contexte où les départs massifs à la retraite des Baby Boomers occasionnent une perte importante du savoir-faire et du savoir-être dans les entreprises, les programmes structurés de tutorat sont particulièrement utiles pour en atténuer les effets négatifs.

Il y a quelques temps, une protégée m'a transmis un courriel qu'elle avait fait parvenir à son tuteur, au terme du programme de tutorat. Elle occupait depuis peu le poste de vice-présidente opérations dans une grande banque et son tuteur désigné était le vice-président exécutif finances. Ses propos illustrent bien les avantages d'un tel programme.

« Je veux vous remercier pour les énergies que vous avez déployées afin d'accélérer mon développement à la Banque. Vous avez été un tuteur exceptionnel pour moi. Vous m'avez permis de bien saisir la philosophie de la Banque et ses directives stratégiques, tout en me donnant un éclairage particulier sur chacun des secteurs. J'espère que je pourrai encore, à l'occasion, tirer profit de votre expérience et passer d'autres moments fort agréables en votre compagnie. »

Les avantages pour le protégé

Dans un programme structuré de tutorat, le protégé tire de nombreux avantages de sa relation avec son tuteur :

- Il est soutenu dans ses efforts pour offrir un rendement à la hauteur des attentes ;
- Il apprend plus rapidement les règles formelles et informelles de l'entreprise ;
- À l'occasion, il bénéficie du réseau de contacts de son tuteur pour son propre développement ;
- Il est encouragé à maintenir une attitude et un comportement appropriés ;

- Il bénéficie d'une période de réflexion et de recul sur la façon dont il aborde ses responsabilités ;
- Il reçoit des conseils d'une personne plus expérimentée que lui ;
- Il acquiert une meilleure compréhension de la structure organisationnelle ;
- Il situe mieux son rôle par rapport aux autres ;
- Il peut valider certaines décisions importantes qu'il doit prendre ;
- Il reçoit un encouragement au dépassement de soi et à une saine contribution à l'entreprise ;
- Il peut exprimer ses doutes, ses frustrations et ses souhaits en toute confidentialité ;
- Il développe son sentiment d'appartenance envers l'entreprise.

Les avantages pour l'entreprise

Les programmes de tutorat structurés ont donné des résultats positifs dans de nombreuses situations organisationnelles :

- Consolider l'intégration des nouveaux employés ;
- Accélérer le développement de la relève ;
- Élargir la vision des employés et la compréhension de leur rôle ;
- Développer le sentiment d'appartenance ;
- Transmettre les valeurs de gestion de l'entreprise ;
- Permettre aux employés de prendre du recul et de réfléchir à leur fonction ;
- Aider au développement des forces de l'employé ;
- Aider à atténuer l'impact des faiblesses de l'employé ;
- Aider au redressement d'un comportement inapproprié ;

Avez-vous le profil d'un bon tuteur ?

La qualité de la relation avec le protégé repose en grande partie sur la capacité du tuteur à lui communiquer enthousiasme et confiance. Certaines personnes ont donc un profil plus adéquat que d'autres pour endosser ce rôle de tuteur.

Lisez chacun des énoncés suivants et répondez-y avec sincérité.

Le bon tuteur	Oui	Non	Incertain
J'ai une très bonne opinion de l'entreprise qui m'emploie.	☐	☐	☐
J'ai de la crédibilité auprès des dirigeants de l'entreprise.	☐	☐	☐
Je suis apprécié de mes employés.	☐	☐	☐
J'aime mon emploi.	☐	☐	☐
J'entretiens des relations cordiales avec mes collègues de même niveau hiérarchique.	☐	☐	☐
Je suis ouvert aux opinions des autres lorsqu'elles sont exprimées avec respect et courtoisie.	☐	☐	☐
Je sais faire preuve de discrétion, de confidentialité.	☐	☐	☐
Je possède une bonne connaissance des usages et des coutumes de l'entreprise (les lois non écrites).	☐	☐	☐
Je dégage du dynamisme.	☐	☐	☐
Je peux consacrer au moins 45 minutes par mois à mon protégé.	☐	☐	☐
J'ai à cœur le succès de mon protégé.	☐	☐	☐
Je désire que mon protégé se sente bien avec moi.	☐	☐	☐
Je ne me sens pas en compétition avec les autres personnes qui ont de l'influence sur mon protégé.	☐	☐	☐
Je vois ma relation avec mon protégé comme une contribution active au développement de la relève.	☐	☐	☐
Je suis créatif face au contenu de nos rencontres.	☐	☐	☐
Je ne crains pas de mal orienter ou mal conseiller mon protégé.	☐	☐	☐
Je me sens à l'abri d'une relation romantique ou sentimentale avec mon (ma) protégé(e). Il n'y a pas d'ambiguïté entre nous.	☐	☐	☐
Je suis à l'aise avec l'idée que le nom de mon protégé puisse être associé au mien.	☐	☐	☐

Y a-t-il des éléments où vous avez répondu « non », ou « incertain » ? Si c'est le cas, sachez que ces éléments peuvent nuire à votre relation avec votre protégé. Pour soutenir le développement de votre protégé, vous devez maintenir une approche constructive et empreinte de respect envers lui, envers vos collègues et envers l'organisation au grand complet. Alors, soyez vigilant dans votre façon d'aborder votre rôle de tuteur !

- Aider au maintien d'une attitude constructive et enthousiaste face aux défis organisationnels;
- Aider à développer l'autonomie et la confiance en soi;
- Aider à reformuler les priorités;
- Soutenir le développement du leadership, de la diplomatie et du sens politique;
- Atténuer les impacts négatifs d'un changement majeur dans l'entreprise (fusion, acquisition, suppressions de postes, etc.);
- Favoriser une meilleure adhésion des employés à l'arrivée d'un nouveau supérieur immédiat;
- Accélérer la formation des cadres les plus prometteurs.

DES MOTS-CLÉS À RETENIR POUR L'INTÉGRATION DES EMPLOYÉS

R comme dans RESPONSABILISER: sensibilisez votre employé au fait qu'il a un rôle très actif à jouer dans son intégration.

E comme dans EXPLIQUER: soyez généreux en informations. Prenez le temps de bien répondre à ses questions.

V comme dans VISION GLOBALE: élargissez sa connaissance de l'entreprise. Ne le gardez pas en vase clos.

E comme dans ENCADRER: n'assumez pas seul son encadrement. Déléguez!

D comme dans DONNER DE L'ATTENTION: soyez sympathique envers lui et encouragez-le dans ses efforts d'intégration.

O comme dans OBSERVER: soyez attentif à la façon de réagir de votre nouvel employé au cours de son intégration. Ainsi, vous apprendrez à le connaître rapidement.

R comme dans RÉTROACTION: permettez-lui de savoir ce que vous pensez de lui. Ne laissez pas la confusion s'installer entre vous.

Le cas de Carmen

Carmen travaillait dans une grande entreprise depuis 6 ans comme technicienne en correction d'épreuves lorsqu'elle a appris que son poste allait être aboli. En effet, le département du marketing était en pleine restructuration et certains profils de poste ne correspondaient plus désormais aux nouvelles orientations imposées par la direction de l'entreprise.

Carmen aurait bien aimé rester dans ce département mais les seuls postes disponibles étaient réservés à des professionnels possédant un diplôme universitaire en marketing, ce que Carmen n'avait pas. Ces postes étaient de niveau 7 tandis que le poste de technicien en correction d'épreuves était de niveau 3.

Fort heureusement, l'entreprise était dotée d'une politique de relocalisation pour des situations de ce genre. Carmen pourrait donc être réaffectée à tout emploi de niveau 3 qui deviendrait vacant dans l'entreprise, pourvu qu'elle rencontre toutes les exigences du poste. Elle aurait donc le privilège d'être considérée avant toute autre personne pour l'obtention de ce poste.

Évidemment, cette politique dictant les priorités en relocalisation créait parfois de l'insatisfaction auprès de ceux qui aspiraient au poste vacant, puisque celui-ci devenait hors de leur portée. C'est ce qui arriva lorsqu'un poste de préposé aux marchandises de

La réflexion du futur tuteur

Si vous avez le désir de vous impliquer à titre de tuteur dans votre entreprise, prenez le temps de réfléchir au profil d'individu qui vous conviendrait le mieux. Pour que vous puissiez tirer de la satisfaction et de la valorisation de votre relation avec votre protégé, il est essentiel que vos personnalités soient compatibles.

Voici quelques caractéristiques que l'on peut retrouver chez des protégés. Auriez-vous de la difficulté à converser avec une personne qui aurait ces caractéristiques? Par exemple, si votre protégé était une personne très timide, pourriez-vous vous accommoder de la situation ou trouveriez-vous ça pénible et peu stimulant?

Mon protégé est :	Ça me convient	Ça ne me convient pas tellement	Ça ne me convient pas du tout
Très timide	☐	☐	☐
Confrontant	☐	☐	☐
Peu volubile	☐	☐	☐
Nerveux, tendu	☐	☐	☐
Indiscipliné, désorganisé	☐	☐	☐
Découragé	☐	☐	☐
Très sûr de lui, avec un ego fort	☐	☐	☐
Peu intéressé par nos rencontres	☐	☐	☐
Non reconnaissant	☐	☐	☐
Frustré	☐	☐	☐
Amorphe	☐	☐	☐
D'apparence négligée	☐	☐	☐
Peu attaché à l'entreprise	☐	☐	☐
Revendicateur	☐	☐	☐
Épuisé, surmené	☐	☐	☐

Au cours de cet exercice, vous aurez certainement compris que vous serez plus efficace comme tuteur si votre protégé possède des caractéristiques avec lesquelles vous êtes à l'aise. Indiquez ici quelles sont ces caractéristiques, afin de vous guider dans la sélection de votre futur protégé.

Voici 4 caractéristiques que j'aimerais retrouver chez mon futur protégé:

1-   2-

3-   4-

Par ailleurs, il peut arriver que votre organisation vous confie un protégé qui ne vous convienne pas vraiment et qui n'ait aucune de ces caractéristiques souhaitables. Mais cet exercice aura tout de même été bénéfique: vous connaîtrez à l'avance les obstacles et les résistances que vous devrez surmonter pour être un tuteur efficace auprès de ce protégé «imparfait». En étant prévenu, vous serez plus enclin à faire preuve de tolérance et d'ouverture d'esprit envers votre protégé, dans votre intérêt mutuel.

niveau 3 devint vacant dans le département Expédition et réception. Quelques-uns des hommes de ce département furent très contrariés que Carmen soit la première en liste pour occuper cette fonction, puisqu'ils espéraient depuis longtemps accéder à un emploi permanent, dans leur propre département.

Mais Carmen répondait à toutes les exigences du poste : elle pouvait manipuler des charges pesant jusqu'à 25 kg, elle avait une bonne santé, et elle était disponible pour travailler sur des quarts de nuit, à l'occasion. Bref, elle répondait aux critères de qualification pour ce poste de niveau 3. Toutefois, elle avait un profil atypique, puisque ce département n'avait embauché que des hommes depuis toujours. Marcel, l'un des plus anciens, appela même la conseillère en ressources humaines pour exprimer son désaccord : « *Vous, aux ressources humaines, sachez qu'ici, on est entre hommes et qu'on est bien comme ça. Ne pensez surtout pas qu'on va enlever les calendriers de « pin up » qui ornent nos murs. Et on ne commencera pas non plus à soigner notre langage. Tant pis pour votre Carmen* ».

Bien que réfractaire lui aussi, le superviseur du département se retrouvait dans une situation délicate. Il aurait souhaité que rien ne vienne perturber la dynamique de son équipe, mais par ailleurs, il comprenait que les procédures corporatives allaient devoir être appliquées. Autrement dit, il devait se faire à l'idée d'imposer Carmen à son équipe.

Pour favoriser la bonne intégration de Carmen, la conseillère en ressources humaines prépara donc le terrain. Pour commencer, elle rencontra Carmen. Elle voulait la connaître et jauger sa capacité à faire sa place dans un tel environnement. Elle lui présenta la situation avec franchise, lui parlant des gens du département, de leurs habitudes, de leurs craintes et de leur mécontentement. Mais elle lui parla aussi du droit qu'elle avait d'occuper ce poste. Elle lui dit aussi que le département des ressources humaines pourrait agir comme facilitateur en cas de besoin. « Pas de problème, répondit Carmen, je suis sûre que je vais bien m'entendre avec eux ».

La conseillère en ressources humaines rencontra ensuite le superviseur, pour lui demander sa collaboration et aussi pour lui présenter Carmen officiellement. Le courant sembla passer plutôt bien entre les deux. Il fut convenu que le lendemain matin, le superviseur présenterait Carmen à tout le monde dans le département et qu'il veillerait à ce que les choses se passent correctement.

Quelques semaines plus tard, la conseillère en ressources humaines apprit, avec grand plaisir, que non seulement Carmen était à la hauteur des attentes au poste de préposée aux marchandises, mais aussi qu'elle était devenue la protégée de ces messieurs ! Elle était devenue « one of the guys ».

À son arrivée, Carmen avait pris sa place tout doucement, sans rien brusquer ou revendiquer. Sensible à son nouvel environnement et bien informée, elle avait fait confiance aux circonstances et au temps. Elle avait compris et accepté ce milieu, si peu accueillant au début. Son superviseur avait lui aussi contribué à ce que le groupe fasse preuve de tolérance envers Carmen. Puis, il y avait aussi ces hommes, ses compagnons de travail, qui avaient fini par accepter la situation, dictée par des valeurs corporatives claires et nettes, et visant à garder au sein de l'entreprise des employés affectés par une restructuration. Peut-être un jour bénéficieraient-ils eux aussi du même privilège, si leur emploi venait à être aboli.

Bref, ce fut une intégration réussie.

L'histoire ne dit cependant pas si ce sont encore les mêmes calendriers qui ornent les murs du département Expédition et réception.

Je me souviens de mes débuts dans le poste que j'occupe actuellement. Il y avait des éléments qui me procuraient du confort et il y avait aussi des éléments qui me procuraient de l'inconfort.

(Suite à la page 50)

 ## Activité de groupe : le cas de Carmen

En tant que gestionnaire, vous pouvez utiliser le cas de Carmen pour encourager une discussion ouverte avec vos employés sur le thème de l'intégration des nouveaux employés. Votre équipe est parfois appelée à accueillir de nouvelles personnes et il est dans votre intérêt que ces personnes s'intègrent le plus rapidement possible à votre environnement de travail.

Cette activité vous permettra d'en discuter entre vous et d'identifier quelques éléments qui pourraient faciliter l'intégration des nouveaux employés.

Cette activité de groupe vous apportera les avantages suivants :

- Certains employés témoigneront de ce qu'ils ont connu dans d'autres entreprises en matière d'intégration ;
- Certains employés expliqueront les difficultés qu'ils ont rencontrées lors de leur intégration dans votre département ;
- Vos employés émettront des idées très valables pour faciliter l'intégration des futurs employés ;
- Ils seront davantage sensibilisés au rôle qu'ils peuvent jouer pour faciliter l'intégration des nouveaux employés.

Réunissez vos employés, distribuez-leur le cas de Carmen et posez-leur les questions suivantes :

1. Que pensez-vous de cette histoire : le cas de Carmen ?

2. Quels souvenirs conservez-vous de votre intégration à vous, dans notre département ? Qu'est-ce qui avait facilité votre intégration ? Qu'est-ce qui l'avait rendue difficile ?

3. Après combien de temps vous êtes-vous senti vraiment à l'aise dans l'équipe ?

4. D'après vous, que faut-il pour qu'un nouvel employé se sente à l'aise rapidement dans un nouvel environnement de travail ?

5. D'après vous, en quoi notre département est-il différent des autres pour ce qui est d'intégrer un nouvel employé ?

6. D'après vous, comment pouvons-nous savoir que l'intégration d'un nouvel employé a été bien réussie ?

7. Quelles suggestions pourriez-vous apporter pour faciliter l'intégration des futurs employés dans notre département ?

- ✓ Qu'est-ce qui m'a déçu à mes débuts dans ce poste?
- ✓ Qu'est-ce qui m'a fait plaisir? Qu'est-ce qui m'a donné confiance?
- ✓ À quel moment me suis-je vraiment senti à l'aise dans mes fonctions?
- ✓ À quel moment ai-je éprouvé le sentiment d'être compétent?
- ✓ D'être apprécié?
- ✓ D'être utile?
- ✓ À quel moment ai-je senti que j'avais réussi mon intégration dans cette nouvelle équipe de travail?

JE DOIS ME RAPPELER QUE...

... je dois permettre à mon nouvel employé de se situer le plus vite possible dans ce grand ensemble qu'est notre entreprise.

La qualité de son intégration ne repose pas uniquement sur son adaptation à son nouveau poste, mais aussi sur sa compréhension des enjeux organisationnels qui y sont rattachés.

Il doit avoir accès à une foule d'informations contextuelles.

LES PIÈGES À ÉVITER

- ✓ Laisser l'employé à lui-même lors de son entrée en fonction;
- ✓ Lui donner de la rétroaction seulement à la fin de sa période de probation;
- ✓ Limiter l'intégration aux aspects techniques du poste.

LES PRATIQUES GAGNANTES

- ✓ Structurer un plan d'intégration sur 6 mois;

- ✓ Être généreux dans le partage d'informations contextuelles;
- ✓ Faire un suivi auprès du nouvel employé dès les premiers jours;
- ✓ Impliquer plusieurs intervenants à l'interne;
- ✓ Favoriser l'accès à un programme de tutorat corporatif.

JE POURRAI DIRE « MISSION ACCOMPLIE » LORSQUE...

... j'aurai le sentiment que mon nouvel employé s'épanouit parmi nous, qu'il s'implique avec confiance et qu'il apporte une contribution qui dépasse le cadre de son emploi. Je pourrai dire « mission accomplie » lorsque mon employé se considérera comme un joueur clé dans ce grand ensemble qu'est notre entreprise.

LE COURRIER DU LECTEUR

À quoi sert le processus d'intégration des nouveaux employés et combien de temps doit-il durer?

Le processus d'intégration d'un employé lui permet d'être autonome dans son poste le plus vite possible pour qu'il puisse contribuer efficacement aux réalisations du groupe. Il faut amener l'employé à comprendre rapidement le contexte dans lequel il évolue, en lui donnant accès à toute une panoplie d'informations sur l'entreprise et son environnement.

Règle générale, il faut compter environ six mois pour que l'individu qui occupe un emploi à temps complet, et davantage pour celui qui occupe un emploi à mi-temps, se sente suffisamment à l'aise dans son poste et dans son environnement pour apporter une contribution significative.

Mais l'intégration ne serait-elle pas plus rapide si l'employé se concentrait uniquement sur les aspects techniques de sa fonction?

Ce serait sans doute plus rapide mais certainement moins efficace! Dans toute entreprise, il y a des aspects intangibles avec lesquels il faut composer pour réussir à offrir un rendement à la hauteur des attentes. Il ne suffit pas d'être compétent techniquement. De nos jours, on attend des employés, toutes catégories confondues, qu'ils fassent évoluer leur fonction, qu'ils fassent preuve d'un certain leadership et qu'ils proposent des solutions créatives aux problèmes qu'ils rencontrent. Ça implique que l'individu connaisse bien l'environnement dans lequel il évolue.

Pourtant, le modèle d'intégration que l'on retrouve le plus souvent ressemble à ceci: dès son arrivée, le nouvel employé est littéralement submergé d'informations. On lui explique comment faire son travail et on lui remet de nombreux documents relatifs à sa fonction. En quelque sorte, on le spécialise dès son arrivée. Mais c'est un peu comme si on vous fournissait les pièces d'un casse-tête en vous demandant de l'assembler le plus vite possible. Ces pièces sont toutes pêle-mêle, et vous n'avez qu'une idée très approximative de l'image que vous devez créer.

À force d'expérimenter, vous en arrivez à emboîter les pièces les unes avec les autres et, éventuellement, votre travail prend tout son sens. Vous avez commencé le processus avec une information somme toute étroite, puis avec le temps, cette information s'est élargie. C'est cette méthode d'apprentissage qui prévaut généralement.

Toutefois, il y a de très nombreuses personnes, dont beaucoup de jeunes de la génération Y, qui apprennent mieux avec une approche inverse. C'est-à-dire qu'ils vont mieux fonctionner si on leur fournit dès le début une image de la finalité, une représentation de ce que doit donner le casse-tête une fois assemblé.

Dans le contexte du travail, ça équivaut à fournir des informations contextuelles sur l'entreprise en général et sur les liens qui existent entre le poste de l'employé et celui des autres. On favorise alors chez l'individu le développement d'une vision élargie de son poste. Il s'agit de lui faire comprendre le plus rapidement possible où il se situe dans le grand ensemble. Ce n'est qu'une fois que ça a été perçu et compris qu'on amène l'employé vers sa fonction spécifique.

Cette démarche inversée nécessite qu'on structure le processus d'intégration différemment, en planifiant des moments de rencontre entre le nouvel employé et certains intervenants clés dans l'entreprise. On observe que les individus qui ont bénéficié de cette vision élargie dès leur arrivée en poste sont capables de prendre des initiatives plus rapidement et plus efficacement, et de faire preuve de débrouillardise et de créativité dans leur poste. Ils développent un meilleur sens des priorités et ils sont plus sensibles aux enjeux organisationnels et aux relations diplomatiques à l'interne. Bref, ils acquièrent de la maturité plus rapidement. Ils ont une meilleure compréhension de leur rôle et de la contribution qu'ils peuvent apporter à l'entreprise.

Cette approche est-elle appropriée dans tous les contextes organisationnels?

Oui. Laissez-moi vous donner un exemple: madame Stevenson est une gestionnaire expérimentée qui dirige un cabinet comptable depuis plusieurs années. Mais l'an dernier, elle a vécu sa première expérience à titre de membre du conseil d'administration d'un centre hospitalier. À cet endroit, le processus d'intégration des nouveaux administrateurs débute par une rencontre privée avec le directeur général de l'établissement, qui se montre disponible à répondre à n'importe quelle question du nouvel administrateur.

Madame Stevenson a passé deux heures en sa compagnie et ce lui fut fort profitable. Elle lui a simplement demandé de lui parler de l'établissement. En quoi cet établissement est-il différent des autres ? Dans quel contexte a-t-il été fondé ? Combien y a-t-il d'employés ? Quel est l'état des relations avec les syndicats ? Que pensez-vous du conseil d'administration ? Depuis combien de temps occupez-vous le poste de directeur général ? etc.

Pendant deux heures, il a parlé de lui, de ses difficultés, de ses ambitions pour l'établissement, de ses valeurs de gestion. De toute évidence, il aimait son travail et son enthousiasme était communicatif. Quant à madame Stevenson, elle avait maintenant des assises solides pour se situer dans ce grand ensemble. Même s'il lui restait à se familiariser avec les procédures et les aspects plus techniques de son rôle d'administratrice, elle avait déjà une idée précise de la contribution qu'elle pourrait apporter. Elle n'avait pas une vision étroite de son rôle.

Pour l'individu qui désire apporter une contribution significative dans son nouveau milieu, il est toujours souhaitable de lui donner accès à une foule d'informations contextuelles. C'est très stimulant pour le nouvel administrateur, le nouvel employé, le nouveau bénévole. Comme le dit madame Stevenson, « On s'intègre bien plus vite dans un groupe quand on en connaît l'histoire. »

Dans un programme de tutorat corporatif, faut-il faire en sorte que le protégé devienne à l'image de son tuteur ?

Non, pas du tout. Le protégé a sa propre façon d'agir, sa propre personnalité, et il faut respecter ça. On n'attend pas d'un tuteur qu'il dise à son protégé quoi faire et comment le faire. Le protégé doit trouver son propre style. Mais le bénéfice dans la relation avec son tuteur, c'est qu'il est exposé à l'opinion d'une personne qui a une nette longueur d'avance sur lui dans l'entreprise ou sur le plan professionnel. Cette personne vient enrichir son point de vue.

Dans une relation de tutorat bien réussie, on peut penser que le protégé dirait à son tuteur : « Merci pour toutes ces informations. Merci de m'expliquer comment les choses se faisaient avant et pourquoi, maintenant, elles se font différemment. Merci de me dire à quoi je devrais faire attention. Merci de me dire que je vais sûrement être bon là-dedans. Avec toutes ces informations qui s'ajoutent à ma personnalité, à ma façon de percevoir les choses et à mon propre vécu, je peux dire que j'ai vraiment enrichi mon expérience professionnelle à votre contact. »

Comme vous pouvez le voir, il ne s'agit pas pour le tuteur de faire en sorte que son protégé devienne comme lui. Absolument pas. Les directives à transmettre au tuteur sont très simples : « Va jaser avec cet employé. Essaie de le mettre à l'aise et réponds en toute franchise à ses questions, sur n'importe quel aspect qui concerne l'entreprise. Donne-lui ton opinion, il en fera bien ce qu'il voudra, mais fais-lui part de ce que tu penses. Point. Ne te donne pas comme devoir de changer ton protégé, contente-toi seulement d'enrichir son point de vue ».

Une telle approche de tutorat pourrait-elle aider à réduire le fossé intergénérationnel ?
Bien sûr ! Pour illustrer ça, imaginez le scénario suivant : vous êtes un vieil homme qui n'en

a plus pour longtemps à vivre. Vous avez un petit-fils, mais vous ne le connaissez pas beaucoup parce qu'il a grandi loin de vous, dans une autre ville. Il a appris que vous alliez mourir bientôt, alors il voudrait profiter de votre présence le plus possible et, de votre côté, vous voudriez aussi profiter de sa présence le plus possible.

En très peu de temps, vous voudrez lui transmettre le meilleur de vous-même, mais votre objectif ne sera pas d'en faire une copie de vous-même. De toute façon, il serait trop tard pour ça. Vous n'avez pas vécu votre vie avec les mêmes moyens, les mêmes contraintes et les mêmes opportunités que lui. Vous n'avez pas évolué dans le même contexte et les mêmes circonstances. Il y a déjà trop de différences entre vous deux pour essayer de vous rendre identiques.

Par contre, vous prendrez grand plaisir à lui raconter l'histoire de votre vie et à écouter la sienne. Vous aurez l'occasion de lui dire : « Voici ce que j'ai été, voici ce que je suis maintenant, voici les erreurs que je ne referais pas, voici les bonheurs que j'ai connus, voici ce que je te souhaite, fais attention à ceci, fais attention à cela, mais surtout, fais-toi confiance ». C'est un peu l'héritage que le grand-père veut laisser à son petit-fils avant de partir. Et pour le petit-fils, ça va nécessairement influencer la suite des choses. Il va conserver le souvenir de certains mots, de certains passages de l'histoire racontée par son grand-père. Et parfois, il en tiendra compte au moment de faire des choix difficiles. Il aura un appui pour ses prises de décision. Il pourra se dire « Ah, mon grand-père aurait sûrement fait ça, lui ».

Une telle relation, si courte soit-elle, laisse toujours des traces et le protégé peut dire : « Merci de m'avoir transmis ton expérience, parce que je peux m'en servir pour faire des choix plus éclairés. »

Dans l'entreprise, si la relation tuteur-protégé se développe sous cette forme empreinte de respect mutuel et d'indépendance, alors tout peut servir, que ce soit à titre d'influence positive ou d'influence dont on préfère s'écarter.

Dans cette approche, le protégé doit être considéré comme un employé créatif et autonome. Cela correspond bien aux besoins des entreprises d'aujourd'hui.

BLOC NOTES

Inscrivez les idées ou réflexions qui vous sont venues à l'esprit en lisant ce chapitre. Utilisez ensuite ces notes personnelles comme aide-mémoire pour l'intégration de vos futurs employés.

Chapitre 3

LA **RECONNAISSANCE NON-MONÉTAIRE**

Parler de reconnaissance au travail, c'est devenu très « tendance ». Pourtant, ce n'est pas un phénomène nouveau. Chaque fois que vous appréciez le travail de l'un de vos employés, vous lui faites plaisir.

Au fond de nous, on désire tous être appréciés, être aimés, être acceptés. Certains patrons manipulateurs l'ont si bien compris qu'ils arriveront facilement à vous déstabiliser, simplement par le fait de vous retirer de temps en temps la confiance que vous croyiez avoir méritée. Vous aurez le sentiment qu'il vous apprécie moins tout à coup, que vous le dérangez, que vous êtes moins important à ses yeux.

On pourrait croire que c'est enfantin d'accorder autant d'importance aux marques d'attention de notre patron, mais la nature humaine est comme ça. L'être humain étant un être social par nature, il se définit au contact des autres. Ça n'a rien à voir avec l'âge, l'éducation ou le statut social.

La reconnaissance non-monétaire est un concept qui reconnaît le bien fondé de donner à chacun une attention particulière qui lui permette de s'épanouir dans l'équipe de travail et, par conséquent, d'apporter une réelle contribution au groupe. On peut souligner la réalisation, l'effort, le trait de personnalité, l'attitude de l'employé.

Elle peut s'exprimer de différentes façons, par :

- La communication (rétroaction, courriel, téléphone, lettre, etc.) ;
- Le comportement (attitude, poignée de main, tape dans le dos, consultation, discussion, etc.) ;
- Les symboles (cadeau d'ancienneté, attestation, carte de souhaits, etc.) ;
- La visibilité, (nomination, délégation, journal interne, mentorat, représentation, etc.) ;
- Les conditions de travail (horaire adapté, latitude décisionnelle, enrichissement des tâches, formation continue, etc.).

La reconnaissance non-monétaire s'inscrit dans le nouveau courant de pensée écologique qui valorise la dimension humaine. Le modèle de gestion conventionnel se transforme en modèle collaboratif, avec des notions de respect, dignité, soutien, solidarité, coopération, considération, interdépendance. C'est une vision plus humaine des pratiques de gestion, qui fait appel à l'intelligence émotionnelle et dont les avantages sont multiples : créer de l'énergie et de l'enthousiasme en milieu de travail, obtenir le meilleur de chacun, développer le potentiel individuel, constituer un groupe plus fort, maintenir un climat de travail agréable, créer un sentiment d'appartenance, ajouter de la stabilité dans l'équipe, être reconnu comme un bon patron, stimuler le plaisir de venir travailler.

Il s'agit simplement d'accorder plus de place aux relations humaines en entreprise. Soyez attentif aux autres, remarquez leurs subtils changements d'humeur et tenez-en compte pour veiller à leur bien. Soyez une bonne personne ! Être un patron, c'est comme être un parent. Le modèle d'interaction, c'est en vous qu'il prend son origine. Contaminez vos employés avec votre attitude humaine et sensible aux autres. Vous verrez comme le climat de travail s'allégera ! Vous verrez comme vos employés s'épanouiront dans votre équipe.

 Le modèle de gestion RNM

Le modèle de gestion RNM valorise les compétences communautaires chez ceux qui ont la responsabilité d'encadrer du personnel. Réfléchissez bien à chacune des caractéristiques suivantes et faites votre autoévaluation.

DATE :	VRAI, EN TOUT TEMPS	VRAI, MAIS SEULEMENT À L'OCCASION	FAUX
1. AUTHENTICITÉ Vous agissez avec naturel, vous êtes honnête dans l'image que vous projetez autour de vous. Vous êtes spontané.	☐	☐	☐
2. ACCESSIBILITÉ Vos employés sont à l'aise d'aller vers vous. Ils n'éprouvent pas d'inconfort en votre présence.	☐	☐	☐
3. ENTHOUSIASME Vous dégagez de l'énergie positive, constructive.	☐	☐	☐
4. OUVERTURE D'ESPRIT Vous écoutez avec bienveillance avant d'émettre votre opinion.	☐	☐	☐
5. HUMANISME Vous avez des élans de bonté, de générosité envers les personnes qui vivent des moments de détresse autour de vous.	☐	☐	☐
6. SENSIBILITÉ AUX AUTRES Vous êtes attentif aux gens qui vous entourent.	☐	☐	☐
7. SENS DE L'ÉQUITÉ Vous avez le souci de ne pas créer d'injustice parmi vos employés.	☐	☐	☐
8. CONFIANCE EN SOI Votre façon d'agir est le reflet de la personne que vous souhaitez être. Vous êtes sûr de vous.	☐	☐	☐

	Vrai, en tout temps	Vrai, mais seulement à l'occasion	Faux
9. PSYCHOLOGIE, EMPATHIE Vous décodez avec justesse les états d'âme des gens qui vous entourent. Vos hypothèses s'avèrent fondées.	☐	☐	☐
10. FLEXIBILITÉ Votre attitude s'adapte aux circonstances. Vous n'avez pas une pensée rigide.	☐	☐	☐
11. SENS DU DEVOIR Vous faites face à vos responsabilités avec fiabilité et persévérance, même dans l'adversité.	☐	☐	☐
12. FORCE DE CARACTÈRE Vous traversez les épreuves avec courage et dignité. Vous êtes confiant de réussir et de surmonter les obstacles qui se dressent sur votre chemin.	☐	☐	☐
13. CONSCIENCE ÉLARGIE Vous voyez plus loin que votre routine de travail. Vous vous intéressez à l'impact de vos actes sur les autres.	☐	☐	☐
14. SENS DU PARTAGE Vous avez un bon esprit d'équipe. Vous n'êtes pas un individualiste. Vous aimez rire avec les autres.	☐	☐	☐
15. HUMILITÉ Vous faites de la place aux autres et vous leur donnez le crédit qui leur revient.	☐	☐	☐

INTERPRÉTATION

Attribuez-vous 2 points pour chaque « vrai, en tout temps » que vous avez coché, 1 point pour chaque « vrai, mais seulement à l'occasion » et 0 point pour chaque « faux ».

Si vous avez obtenu entre 0 et 13 points, votre forme de leadership est très dommageable pour votre organisation. Vos employés ne donnent pas le meilleur d'eux-mêmes, car ils ne sont pas à l'aise avec vous. Sans doute seriez-vous plus à votre place dans un poste sans gestion de personnel.

Si vous avez obtenu entre 14 et 23 points, vous savez déjà que vous n'êtes pas toujours à la hauteur de la situation et que bien des choses vous échappent dans votre environnement de travail. Investissez dans votre développement personnel, afin de devenir plus efficace comme gestionnaire.

Si vous avez obtenu entre 24 et 30 points, selon votre propre évaluation, vous maîtrisez bien les caractéristiques de la RNM. Félicitations ! Mais vos employés seraient-ils d'accord avec vous ? Osez leur demander ce qu'ils en pensent et écoutez bien ce qu'ils diront. Vous pourriez en apprendre beaucoup sur vous-même.

LA DÉMARCHE DE RNM

Il n'y a pas de recette miracle pour témoigner de la reconnaissance à un individu ou à un groupe, mais il y a des conditions de base :

1. Vous devez d'abord être attentif à ce qui se passe autour de vous. Vous devez être capable de « voir » les changements d'attitude, d'ambiance parmi vos employés.

2. Vous devez ensuite essayer d'analyser ces changements : Qu'est-ce qui a bien pu se passer ? Comment mes employés réagissent-ils dans ces circonstances ? Qu'est-ce que ça provoque en moi ?

3. En réfléchissant de la sorte, vous fournirez à votre conscience une foule d'informations, d'hypothèses qui viendront enrichir votre point de vue. Ainsi outillé d'une conscience élargie, il ne vous restera plus qu'à vous laisser aller à exprimer votre côté humain le plus beau, fait de gentillesse, de respect et de bonté envers autrui. Vous verrez, ce n'est pas du tout compliqué.

La reconnaissance en milieu de travail, ce sont des marques d'attention sympathiques, immédiates, personnalisées, cohérentes, variées. Ce sont des actes simples, issus d'une bonne intention, et qui tiennent compte de la personnalité de chacun. Mais il n'y a aucune recette prête à appliquer ; il faut du sur mesure en tout temps !

 Je fais un exercice de réflexion sur la RNM

Cet outil est un indicateur de votre positionnement personnel en matière de reconnaissance au travail. Réfléchissez bien à chacun des énoncés suivants et répondez-y avec sincérité.

4 = TOTALEMENT D'ACCORD   3 = PLUTÔT D'ACCORD
2 = PLUTÔT EN DÉSACCORD   1 = TOTALEMENT EN DÉSACCORD

	4	3	2	1
1. Je n'hésite pas à faire l'éloge d'un employé devant ses collègues lorsqu'il a fait un bon coup.	☐	☐	☐	☐
2. Je me remets parfois en question dans mon rôle de gestionnaire (ou de chargé de projet).	☐	☐	☐	☐
3. Les marques d'attention individuelles font partie de mes activités de gestion au quotidien.	☐	☐	☐	☐
4. Je trouve qu'on a raison d'insister sur la reconnaissance au travail de nos jours.	☐	☐	☐	☐
5. La reconnaissance ne devrait pas être abordée comme une augmentation des dépenses et un gaspillage d'énergie.	☐	☐	☐	☐
6. La reconnaissance fait partie du contrat moral qui lie l'employeur à l'employé, même si celui-ci est rémunéré correctement.	☐	☐	☐	☐
7. Je pense que tous les travailleurs ont besoin de reconnaissance, peu importe leur âge ou leur culture.	☐	☐	☐	☐
8. Je considère que la reconnaissance non-monétaire en milieu de travail est d'abord la responsabilité du gestionnaire.	☐	☐	☐	☐

		4	3	2	1

9. La reconnaissance des employés est un système de valeurs plutôt qu'une procédure. ☐ ☐ ☐ ☐

10. Une personne qui se sent reconnue aura davantage tendance à reconnaître autrui. ☐ ☐ ☐ ☐

11. Montrer de la reconnaissance est avant tout une façon d'être plutôt qu'une façon de faire. ☐ ☐ ☐ ☐

12. C'est la direction de l'entreprise qui est la mieux placée pour initier un état d'esprit propice à la reconnaissance. ☐ ☐ ☐ ☐

13. Je considère que mon patron (ou le conseil d'administration ou les clients, s'il y a lieu) me témoigne suffisamment de reconnaissance. ☐ ☐ ☐ ☐

14. Je me considère comme un bon gestionnaire (ou chargé de projet). ☐ ☐ ☐ ☐

15. Je suis satisfait de mon cheminement de carrière jusqu'à maintenant. ☐ ☐ ☐ ☐

16. En général, je trouve que ma famille m'apporte un bon soutien. ☐ ☐ ☐ ☐

17. Je ne crois pas que j'obtiendrais plus de reconnaissance dans une autre organisation. ☐ ☐ ☐ ☐

18. Je considère que mes amis me démontrent bien qu'ils m'apprécient. ☐ ☐ ☐ ☐

19. Je considère que mes collègues immédiats sont reconnaissants envers moi. ☐ ☐ ☐ ☐

20. Je suis satisfait de mes conditions de travail en général. ☐ ☐ ☐ ☐

21. Si on m'offrait un emploi dans une autre organisation avec un salaire équivalent et des responsabilités similaires, je préférerais rester chez mon employeur actuel. ☐ ☐ ☐ ☐

22. Mes employés disent qu'ils sont contents de faire partie de mon équipe. ☐ ☐ ☐ ☐

QUELLES INFORMATIONS POUVEZ-VOUS TIRER DE CET EXERCICE ?

Si vous avez obtenu entre 77 et 88 points, vous êtes déjà engagé dans le mouvement de la reconnaissance en milieu de travail et vous êtes convaincu de ses avantages. Votre attitude est caractérisée par un enthousiasme communicatif et vous faites preuve de leadership. Vous correspondez au profil du gestionnaire de la nouvelle vague. Vous évoluez dans un contexte qui vous plaît beaucoup et qui est propice à votre plein épanouissement personnel et professionnel. Vous faites partie des gestionnaires privilégiés et vous avez la responsabilité de transmettre votre joie de vivre autour de vous. Vous êtes un acteur de premier plan dans l'instauration des pratiques de reconnaissance en milieu de travail.

Si vous avez obtenu entre 59 et 76 points, vous êtes un adepte de la reconnaissance au travail mais vous désirez conserver un regard critique sur ses enjeux. Vous faites preuve d'un enthousiasme modéré. Vous correspondez au profil du gestionnaire de transition dans la transformation de la culture organisationnelle. Vous considérez que vous n'évoluez pas dans des conditions optimales, mais malgré tout, vous composez bien avec la situation, et vous faites preuve de sagesse. Vous êtes sensible aux marques de reconnaissance et vous êtes ouvert à l'idée d'améliorer votre environnement de travail. Votre attitude peut être déterminante pour votre entourage. Demeurez positif !

Si vous avez obtenu entre 37 et 58 points, vous considérez que la reconnaissance ne peut pas s'appliquer à tous les milieux de travail et vous vous sentez peu concerné par la nouvelle tendance en gestion du personnel. Le sujet ne vous intéresse pas tellement. Vous correspondez au profil du gestionnaire qui mesure le succès en termes quantitatifs seulement. Il est probable que vous ayez plusieurs sources d'insatisfaction et/ou de déception dans votre vie en général et cela vous rend moins enclin à influencer positivement votre milieu de travail. Vous n'êtes pas fermé à l'idée d'améliorer votre environnement et à démontrer de la reconnaissance, mais il vous serait difficile d'en assumer le leadership. Vous êtes limité dans votre capacité à vous épanouir au travail. Vous auriez avantage à prendre un certain recul.

Si vous avez obtenu entre 22 et 36 points, vous revendiquez le droit de rester comme vous êtes et vous attendez de vos employés qu'ils s'accommodent de votre style de gestion. Vous ne voyez que peu d'avantages à adopter des pratiques plus souples en milieu de travail. Vous correspondez au profil du gestionnaire en voie d'extinction. Il est probable que vous ayez atteint un niveau d'inconfort généralisé qui gruge vos énergies constructives. Dans un tel cas, votre capacité à contribuer à un climat de travail sain est très limitée. Votre insatisfaction vous rend très sensible aux marques de reconnaissance que les autres reçoivent autour de vous et cela provoque chez vous un sentiment d'envie et de frustration qui accroît encore davantage votre insatisfaction. Vous êtes pris dans un cercle vicieux. Vous devez prendre les décisions qui s'imposent pour votre bien-être!

DES MOTS-CLÉS À RETENIR EN RNM

G comme dans GÉNÉROSITÉ : ne faites pas le décompte des marques d'attention que vous distribuez autour de vous. Agissez gratuitement.

A comme dans APPRÉCIER : votre efficacité dépend de la collaboration des autres. Sachez apprécier leur contribution.

S comme dans STIMULER : insufflez de l'énergie à votre équipe. Faites preuve de leadership.

C comme dans CONSIDÉRATION : en tout temps, soyez courtois et respectueux envers vos employés. Donnez l'exemple.

V comme dans VALORISATION : misez sur les forces de chacun de vos employés. Renforcez positivement tout ce qui constitue un atout pour votre département.

Le cas de Danielle

Danielle est une gestionnaire très contestée. Elle a gravi les échelons par ancienneté pour finalement être promue chef de section au traitement de la paie, il y a maintenant 5 ans. Elle en était bien heureuse parce que c'était accompagné d'une augmentation de salaire substantielle. L'équipe de Danielle est constituée de 16 préposés à l'entrée des données et de 2 chefs d'équipe.

Danielle évolue dans un environnement fortement syndiqué et les griefs à son endroit ont toujours été nombreux. On l'accuse de faire du favoritisme, de manquer à son devoir de confidentialité et d'avoir une attitude autoritaire et rigide. Danielle a toujours contesté ces reproches, en insistant sur le fait que dans un milieu de production, les employés n'ont rien de mieux à faire que de critiquer pour agrémenter leur journée.

Le patron de Danielle l'a toujours soutenue du mieux qu'il a pu, et il s'était lancé le défi professionnel d'améliorer les compétences en gestion de Danielle. Mais après 5 ans d'encadrement, d'encouragements, de mises au point et de multiples formations, Michael n'en peut plus. Il admet qu'après tout ce temps, Danielle n'a pas vraiment évolué. Il doit s'avouer vaincu, à son grand regret.

Cependant, il y a une chose qu'il n'a pas encore essayé: le coaching. Michael me demande donc d'intervenir auprès de Danielle à titre de coach personnel, dans une ultime tentative pour l'aider à devenir une meilleure gestionnaire.

Danielle a accepté, mais avec réserve et scepticisme. À vrai dire, elle n'avait pas vraiment le choix, car un refus de sa part aurait été très mal interprété par le syndicat des employés. Lors de ma première rencontre avec Danielle, elle me prévient: « *J'aime autant vous dire tout de suite que je n'ai pas besoin d'une thérapie, car je me considère saine d'esprit. Et je pense être une bonne gestionnaire, compte tenu des employés que j'ai à superviser. Je gère des cas problèmes à longueur de journée. Mais, si vous venez pour m'aider à régler mes cas problèmes, là, je suis d'accord.* »

Danielle venait de m'indiquer le chemin pour faire d'elle une meilleure gestionnaire. Au cours de nos rencontres, je ferais en sorte qu'elle ne me considère pas comme une thérapeute, je ne confronterais pas ses convictions et j'utiliserais ses cas problèmes pour lui enseigner à faire les choses différemment, avec courtoisie et dans le respect de chacun. Je l'amènerais à comprendre toute l'importance du gestionnaire dans une équipe de travail.

C'est à la troisième rencontre que Danielle a commencé à progresser. Elle a admis d'elle-même qu'elle n'était pas à l'aise d'animer des réunions avec son équipe, ne sachant pas comment se comporter. « *Personne n'émet d'opinion quand je leur demande leur avis. Mais dès qu'ils retournent à leur poste de travail, ils se mettent à critiquer. Dans ce temps-là, j'aime mieux ne pas les voir.* »

Danielle prend conscience qu'elle ne fait pas partie du groupe. Et que c'est peut-être pour ça qu'elle n'a pas vraiment de plaisir au travail. Danielle va devoir apprendre à s'intégrer à son propre groupe et pour ça, elle va devoir s'ouvrir aux autres. Elle doit changer sa façon de penser et les voir maintenant comme des collaborateurs, malgré leurs faiblesses. Elle doit apprendre à les apprécier et à les respecter.

Lorsqu'elle aura intégré cette notion de RNM, Danielle corrigera tout naturellement ses défauts de gestion. Elle aura un comportement plus équitable envers tous, elle aura une meilleure compréhension de son rôle et son attitude autoritaire s'assouplira. Le climat de travail s'améliorera progressivement et il est permis de croire que Danielle et ses employés collaboreront harmonieusement dans quelque temps.

J'OBSERVE MA PROPRE ATTITUDE...

Si on vous annonçait que vous serez reconnu et honoré par vos pairs lors d'un prochain rassemblement annuel, comment aimeriez-vous que ça se passe? Comment aimeriez-vous être reconnu et honoré par les gens qui vous entourent? Souhaiteriez-vous que l'on évoque vos

Activité de groupe : le cas de Danielle

En tant que gestionnaire, vous pouvez utiliser le cas de Danielle pour encourager une discussion ouverte avec vos employés sur le thème de la reconnaissance en milieu de travail. Nous avons tous besoin de nous sentir appréciés, autant les employés que les gestionnaires. On travaille mieux lorsque le climat de travail est agréable et que tout le monde s'entend bien. Malheureusement, ce n'est pas toujours le cas.

Cette activité vous permettra de discuter entre vous et d'identifier quelques éléments qui pourraient rendre votre environnement plus sympathique et plus agréable pour tout le monde.

Cette activité de groupe vous apportera les avantages suivants :

- Vos employés feront quelques suggestions intéressantes pour améliorer le climat de travail ;
- Vous apprendrez quelles sont les attitudes en gestion qu'ils apprécient le plus ;
- Vous apprendrez quelles sont les attitudes en gestion qui font défaut dans votre département ;
- L'activité aura eu un effet mobilisateur et aura généré de l'enthousiasme dans votre équipe.

Réunissez vos employés, distribuez-leur le cas de Danielle et posez-leur les questions suivantes :

1. D'après vous, pour quelles raisons Danielle a-t-elle voulu être gestionnaire il y a 5 ans ? Formulez 3 hypothèses.

2. Quelles sont les circonstances favorables qui ont permis à Danielle d'échapper à des mesures disciplinaires draconiennes pendant ces 5 années ?

3. Qu'est-ce qui vous dérange le plus chez les autres, parmi les caractéristiques suivantes et pourquoi ?
   - le favoritisme ;
   - le manque de confidentialité ;
   - une attitude autoritaire et rigide.

4. En fonction de votre propre vécu, que recommanderiez-vous à Danielle pour l'aider à se rapprocher de ses employés ?

meilleurs coups, qu'on vous taquine, qu'on porte simplement un toast à votre santé ? Aimez-vous être dans l'ombre ou préférez-vous être sous les réflecteurs ? Quand il s'agit de reconnaissance, qu'est-ce qui vous fait plaisir ? Comment peut-on vous faire savoir qu'on vous apprécie ?

Au travail, il existe différentes façons de témoigner de la reconnaissance à quelqu'un. En vous référant à l'encadré de la page 66, quelles sont celles qui vous sont le plus agréables ? Quelles conclusions pouvez-vous en tirer ?

JE DOIS ME RAPPELER QUE...

... chacun a besoin d'une attention particulière. Je dois être attentif à ce qui peut

5. Vous-même, vous reconnaissez-vous en Danielle? En quoi êtes-vous comme elle? Et en quoi êtes-vous différent?

6. Pensez-vous que Danielle peut devenir une meilleure gestionnaire? Pourquoi?

7. Dans la liste suivante, quelles sont, d'après vous, les 5 caractéristiques les plus importantes pour que le climat de travail puisse s'améliorer?

- Authenticité: Danielle agit avec naturel, l'image qu'elle projette autour d'elle en est une d'honnêteté.
- Accessibilité: ses employés sont à l'aise d'aller vers elle. Ils n'éprouvent pas d'inconfort en sa présence.
- Enthousiasme: Danielle dégage du positivisme, de l'énergie constructive.
- Ouverture d'esprit: elle écoute avec bienveillance avant d'émettre son opinion.
- Humanisme: elle a des élans de bonté, de générosité envers les personnes qui vivent des moments de détresse autour d'elle.
- Sensibilité aux autres: elle est attentive aux gens qui l'entourent.
- Sens de l'équité: elle a le souci de ne pas créer d'injustice parmi ses employés.
- Confiance en soi: sa façon d'agir est le reflet de la personne qu'elle souhaite être. Elle est sûre d'elle.
- Psychologie, empathie: elle décode avec justesse les états d'âme des gens qui l'entourent.
- Flexibilité: son attitude s'adapte aux circonstances. Elle n'a pas une pensée rigide.
- Sens du devoir: elle fait face à ses responsabilités avec fiabilité et persévérance, même dans l'adversité.
- Force de caractère: elle traverse les épreuves avec courage et dignité. Elle refait toujours surface.
- Conscience élargie: elle voit plus loin que sa routine de travail. Elle s'intéresse à l'impact de ses actes sur les autres.
- Sens du partage: elle a un bon esprit d'équipe. Elle n'est pas une individualiste.
- Humilité: elle fait de la place aux autres et elle leur donne le crédit qui leur revient.

faire plaisir à chacun. Aujourd'hui, je vais communiquer de l'enthousiasme à mes employés. Je vais essayer de trouver un mot ou un geste gentil pour chaque employé qui va entrer dans mon bureau. Je vais m'efforcer de souligner un aspect positif de la personne ou de son travail. Ça ne m'empêchera pas de lui communiquer aussi des directives ou des reproches, s'il y a lieu, mais ce sera fait avec respect et courtoisie.

LES PIÈGES À ÉVITER

✓ Se considérer plus important que nos employés;
✓ Penser qu'il ne sert à rien de communiquer davantage;

MES RÉCOMPENSES PRÉFÉRÉES

	Agréable, ça a un effet positif sur moi	Indifférent, ça n'a aucun effet sur moi	Désagréable, ça a un effet négatif sur moi
Voir mon nom et ma photo dans le journal interne	☐	☐	☐
Recevoir une rétroaction verbale immédiate	☐	☐	☐
Bénéficier d'un système formel de rétroaction	☐	☐	☐
Être consulté par mon patron	☐	☐	☐
Avoir de la flexibilité dans mes conditions de travail	☐	☐	☐
Avoir des occasions de me perfectionner par la formation	☐	☐	☐
Recevoir un symbole de distinction comme une épinglette, une attestation	☐	☐	☐
Être sollicité pour organiser une activité sociale au bureau	☐	☐	☐
Être sollicité pour organiser une journée portes ouvertes	☐	☐	☐
Avoir de l'autonomie dans mon travail	☐	☐	☐
Participer à une mission de représentation pour l'organisation	☐	☐	☐
Être sollicité pour un nouveau poste à l'interne	☐	☐	☐
Que mon rôle, mon statut soient valorisés au sein de l'organisation	☐	☐	☐
Que mon expertise, mes connaissances soient valorisées au sein de l'organisation	☐	☐	☐
Que mes bons coups, mes réussites soient soulignés	☐	☐	☐

✓ Laisser le climat de travail se détériorer ;

✓ Laisser libre cours à nos sautes d'humeur.

LES PRATIQUES GAGNANTES

✓ Traiter nos employés comme des collaborateurs ;

✓ Donner des marques d'attention positives ;

✓ Accorder une attention particulière à chacun ;

✓ Faire preuve de courtoisie et de respect en tout temps ;

✓ Maintenir un climat de travail harmonieux ;

✓ Sensibiliser tout le monde à la RNM.

JE POURRAI DIRE « MISSION ACCOMPLIE » LORSQUE...

... je sentirai que mes employés sont à l'aise avec moi et qu'ils le sont aussi entre eux. Le climat de travail sera harmonieux en dépit de tous les dossiers qu'il faut traiter et les projets qu'il faut mener à terme. Les gens aimeront faire partie de mon groupe et ils répondront « oui » lorsqu'on leur demandera « Recommanderiez-vous votre patron à de futurs collègues ? »

LE COURRIER DU LECTEUR

Y a-t-il un risque d'offrir trop de reconnaissance à nos employés ?

Il ne s'agit pas ici d'offrir trop ou pas assez de reconnaissance, mais plutôt de donner ce qui est juste. Lorsqu'un gestionnaire est sûr de lui, il est capable, selon les circonstances, de féliciter ou de dire que quelque chose ne va pas. Être gentil avec un employé et lui témoigner de la reconnaissance fréquemment, n'est absolument pas incompatible avec le fait de devoir, à d'autres moments, lui reprocher un écart de conduite, ou encore de s'asseoir avec lui pour clarifier certaines choses. Le risque dont vous parlez existe seulement quand le gestionnaire n'est pas capable de faire l'un et l'autre.

À part dire « Merci pour le bon travail », qu'est-ce qu'on peut dire ou faire d'autre ?

On peut s'asseoir quelques minutes avec une personne, lui offrir un café. On peut lui envoyer un courriel, lui faire un sourire ou toute autre marque d'attention, de sympathie, pourvu que ce soit sincère. Vous savez, il y a des gens dans des équipes de travail qui ne se disent même pas « Bonjour », le matin. Avant de dire « Merci », il faut au moins être capable de dire

« Bonjour » ! Se souhaiter une bonne journée, se dire « À demain » lorsqu'on quitte le bureau, ce sont de toutes petites choses qui comptent énormément. Prendre la peine d'écrire à notre agenda le jour d'anniversaire de nos employés, de nos collègues, pour leur souhaiter « Bonne fête » le moment venu, c'est ça aussi, la reconnaissance non-monétaire.

D'après votre expérience, auprès de diverses entreprises, quelle est la pratique la plus profitable dans ce domaine ?

Ce qu'il y a de plus fort comme type de reconnaissance, c'est un climat de travail caractérisé par l'enthousiasme et la qualité relationnelle des gens entre eux. L'enthousiasme est une forme d'énergie qui témoigne que la personne est bien dans ce qu'elle fait, en rapport avec les autres et en rapport avec l'autorité de son patron. Lorsque le manque d'enthousiasme est généralisé dans un groupe, c'est que le gestionnaire ne remplit pas son rôle de leader adéquatement. Il n'a pas su s'adapter aux circonstances, ni ajuster sa propre attitude en fonction du résultat qu'il désire obtenir. Malheureusement, il faut parfois changer de gestionnaire pour ramener l'enthousiasme dans un groupe.

Avec la venue de la nouvelle génération sur le marché du travail, quels sont les éléments de reconnaissance optimaux pouvant mobiliser et retenir ces nouveaux employés ?

Il faut leur consacrer du temps. Il faut leur donner des marques d'attention qui témoignent que l'on prend du temps pour eux. Ils vont apprécier toute forme d'attention de ce genre.

En quoi est-ce différent de la génération précédente ?

À mon avis, les jeunes qui entrent sur le marché du travail de nos jours sont beaucoup plus indépendants et beaucoup moins préoccupés par les conventions sociales. Ils ne sont pas très attentifs aux comportements de savoir-faire et de savoir-être dans une entreprise. Et lorsqu'ils s'intègrent à une organisation, ce n'est pas avec l'intention de se soumettre à l'autorité d'un patron. Ce concept est absent de leurs préoccupations. Il est donc préférable de les traiter comme des collaborateurs plutôt que comme des employés. Nous les retenons en leur témoignant du respect, en étant sympathique avec eux et en leur consacrant du temps. Ils ont besoin aussi de recevoir beaucoup d'informations sur leur environnement de travail, afin de bien se situer dans l'organisation et ainsi situer leur travail par rapport à celui des autres. Ça va leur procurer le confort dont ils ont besoin pour donner le meilleur d'eux-mêmes.

Quelles sont les qualités de base qui sont essentielles chez un bon superviseur?

Premièrement, un bon superviseur va faire en sorte que chacun des employés qui lui est confié puisse donner le meilleur de lui-même. Pour réussir ça, il faut d'abord qu'il comprenne de quoi chacun est fait: ses capacités, ses intérêts, ses sources de stimulation, sa façon de communiquer. Par exemple, il y a des gens qui communiquent plus facilement par courriel que par téléphone ou en personne. Il faut en tenir compte lorsqu'on veut permettre à chacun de donner son rendement optimal. Il faut, autant que possible, respecter la zone de confort de l'employé.

Le bon superviseur est respectueux de ses employés et reconnaît leur contribution. Il possède aussi une bonne dose d'humilité, ce qui lui permet de mettre les autres en évidence sans se sentir effacé. Être un bon patron, c'est une vocation.

Mais comment expliquer que certains employés se traînent les pieds au travail malgré le fait qu'ils soient bien rémunérés?

Quand quelqu'un est satisfait de ses conditions salariales, mais qu'il ne donne pas le meilleur de lui-même, c'est que sa flamme intérieure est éteinte. Il y a 3 raisons qui peuvent expliquer ça:

1. La personne se complaît dans une facilité relative qu'on pourrait qualifier de paresse;
2. La personne est démotivée ou frustrée. Elle accomplit le strict minimum, sans faire d'efforts. Elle se contente de «faire du temps»;
3. La personne n'a pas le sentiment d'être utile. Sa contribution est dépourvue de sens. Elle est en manque de directives ou de rétroaction pour lui confirmer que ce qu'elle fait est utile et apprécié.

D'après mes observations, ces trois raisons peuvent justifier la faible performance d'un employé, pourtant satisfait de son salaire. La reconnaissance non-monétaire peut contribuer véritablement à corriger ces trois situations.

Comment enseigner à mes chefs d'équipe l'art de donner cette reconnaissance?

La reconnaissance en milieu de travail est une affaire d'attitude et de mentalité. Dès le départ, on doit sensibiliser les chefs d'équipe au fait qu'ils dépendent de leurs collaborateurs pour arriver à de bons résultats. Il faut se montrer sympathique envers nos collaborateurs pour obtenir leur pleine collaboration. Peut-être êtes-vous tenté de me dire que la collaboration peut aussi s'obtenir par la coercition, la crainte? Mais une personne forcée de collaborer ne donnera pas le meilleur d'elle-même. Elle ne fera que ce qui est exigé, sans plus, et elle développera du ressentiment.

Pour donner le meilleur de soi, il faut avoir envie de s'impliquer avec dévouement et générosité. Les chefs d'équipe doivent donc d'abord intégrer cette notion. Il n'est plus question d'un rapport hiérarchique où le supérieur immédiat dicte des ordres à quelqu'un qui est payé pour les exécuter. Cette mentalité de gestion est dépassée. De nos jours, obtenir la collaboration de quelqu'un, c'est lui donner envie d'être sympathique lui aussi. C'est donc un échange cordial entre les gens, un échange de bons services, de bons procédés, de bonnes manières, et de savoir-vivre, même lorsqu'il s'agit d'appliquer des mesures disciplinaires.

BLOC NOTES

Inscrivez les idées ou réflexions qui vous sont venues à l'esprit en lisant ce chapitre. Utilisez ensuite ces notes personnelles comme aide-mémoire sur la reconnaissance non-monétaire.

Chapitre 4

LA **MOBILISATION** DU **PERSONNEL**

Lorsque vous quittez votre domicile pour vous rendre au travail, y allez-vous à reculons ou avec entrain? Indépendamment du poste que l'on occupe, il est toujours plus agréable de se rendre au travail quand on s'entend bien avec ses collègues et avec ses patrons. L'harmonie dans un groupe est un puissant outil de mobilisation; de là, découlent l'esprit d'équipe et la solidarité. Plus les liens sont forts, plus il y a interdépendance entre les gens. C'est le contraire de l'individualisme.

Mais est-ce vraiment nécessaire qu'il y ait mobilisation pour qu'une équipe fonctionne bien? Non! Vous pouvez très bien diriger un groupe d'individualistes qui fournissent collectivement un bon résultat... individuel. Mais vous obtiendrez un résultat nettement supérieur avec le pouvoir cohésif d'un groupe harmonieux, où les forces de chacun ont été mises à contribution pour arriver à un résultat collectif.

Vous serez un gestionnaire mieux outillé si vous pouvez compter sur la force d'une équipe solidaire qui vous soutiendra dans vos responsabilités. Le concept de mobilisation est relié à la dynamique des relations interpersonnelles qui existe dans un groupe.

Permettez à vos employés de rire entre eux, donnez-leur des occasions de discuter et de travailler en équipe. N'ayez pas peur que ces moments causent des pertes de temps ou une diminution de la productivité. Bien sûr, vous devez demeurer vigilant face aux débordements et aux excès, mais essayez de favoriser l'aspect joyeux et sympathique de l'environnement de travail. Vous y gagnerez beaucoup en tant que gestionnaire.

La mobilisation du personnel, ce n'est pas sorcier. Il s'agit tout simplement de permettre aux gens d'être à l'aise entre eux et avec vous!

LES INDICES DE MOBILISATION

La mobilisation du personnel va de pair avec le climat de travail. Vous ne pouvez pas obliger vos employés à être mobilisés, mais vous pouvez mettre en place les conditions favorables pour qu'ils le deviennent. Ces conditions sont au nombre de trois: ils doivent avoir confiance en vous, ils doivent être soudés par des liens affectifs, et ils doivent avoir le sentiment qu'ensemble, ils sont plus forts. C'est sur ces trois conditions que vous pouvez agir.

LA CONFIANCE ENVERS LE LEADER

Dans l'environnement du travail, vos employés vont vous donner le meilleur d'eux-mêmes seulement si vous êtes crédible à leurs yeux. Si vos décisions ou vos actions leur semblent incohérentes ou irréfléchies, ils seront hésitants à vous faire confiance, donc à vous donner satisfaction. Ils vont faire preuve de résistance. Pour être mobilisés, les employés doivent avoir confiance en leur leader. Ils doivent constamment être rassurés sur votre compétence et votre bon jugement. Ne tenez pas pour acquis qu'ils le sont. La confiance envers le leader est l'un des trois éléments clés de la mobilisation.

LE PARTAGE DES ÉMOTIONS

Le partage des émotions est le ciment de la mobilisation. La joie, l'inquiétude, la déception, la fierté, le succès, voilà des sentiments qui doivent être partagés dans une équipe. L'environnement doit être vivant, et non rigide et terne. Au travail, peut-être y a-t-il des gens dans votre équipe qui s'évitent, qui sont en conflit, qui se dénigrent. Si c'est le cas, ne vous attendez pas à ce qu'ils collaborent vraiment entre eux. Leur communication est défaillante et le groupe est divisé en clans. S'il n'y a pas de liens affectifs positifs entre les gens, ils ne peuvent pas vivre leurs émotions ouvertement. Il n'y a pas d'occasion de partage.

Permettez-vous à vos employés de se parler, de rire entre eux, ou de consacrer du temps à l'un d'eux lorsqu'il est affligé par une épreuve personnelle ? Ne voyez pas ça comme une perte de temps et une baisse de productivité. Au contraire, ces occasions de partage rendent votre équipe plus forte et plus performante.

 Les 10 indices de mobilisation

Voici les indices que tout observateur attentif peut déceler au contact d'une équipe qui est mobilisée. Vous pouvez utiliser cette grille pour faire un constat sommaire des atouts de votre équipe.

	Oui	Non
1. Les employés sont énergiques au travail	☐	☐
2. Les employés se parlent facilement	☐	☐
3. Les employés sont sympathiques entre eux	☐	☐
4. Les employés ont un esprit constructif	☐	☐
5. Les conflits entre les employés sont mineurs ; ils ne durent pas longtemps	☐	☐
6. Les employés ont confiance en leurs capacités et en celles de leurs collègues	☐	☐
7. Les idées nouvelles sont bien accueillies	☐	☐
8. Les employés se sentent à l'aise avec vous	☐	☐
9. Les réunions sont animées et joyeuses	☐	☐
10. Vous vous sentez appuyé par vos employés	☐	☐
Total	☐	☐

Si vous avez coché « oui » à au moins 6 indices, c'est que votre climat de travail est probablement positif et stimulant. Les communications entre les employés sont fluides, simples et authentiques. Votre équipe est solide et solidaire. Elle vous permet de voir grand. Prenez-en bien soin !

L'UNION FAIT LA FORCE

Au travail, y a-t-il des dossiers, des objectifs ou des projets qui vous concernent tous? Y a-t-il des enjeux qui comportent des conséquences positives ou négatives pour tout le monde en même temps? Votre département doit-il son efficacité à la collaboration qui existe entre les intervenants?

De nombreux patrons croient qu'ils peuvent obtenir le meilleur de leurs employés en créant de la compétition entre eux. Ils font exprès pour susciter une certaine jalousie à l'intérieur de l'équipe, pensant, à tort, que les gens se démèneront pour devenir le meilleur. Si ça fonctionne avec certains, ça va toutefois à l'encontre d'un bon esprit d'équipe.

Lorsque chacun travaille d'abord pour soi, les informations ne circulent pas avec fluidité et le climat est chargé de méfiance et d'hypocrisie. Dommage! Si vous voulez obtenir le meilleur de vos employés, ils doivent avoir le sentiment que le groupe est plus fort que la somme des individus qui le composent. Ils doivent sentir que l'union fait la force.

LES INDICES DE DÉMOBILISATION

Il est relativement facile de faire la distinction entre une équipe démobilisée et une équipe mobilisée. Cette fois, le tableau qui suit vous présente les indices que tout observateur attentif peut déceler au contact d'une équipe qui est démobilisée. Vous pouvez utiliser cette grille pour faire un constat sommaire des vulnérabilités de votre équipe.

Les 10 indices de démobilisation

	Oui	Non
1. Le climat de travail est terne; il n'y a pas d'enthousiasme dans le groupe	☐	☐
2. Il y a des clans à l'intérieur du groupe	☐	☐
3. Les employés semblent peu attachés à l'entreprise; ils ont un faible sentiment d'appartenance	☐	☐
4. Il y a un ou même plusieurs leaders négatifs dans le groupe	☐	☐
5. Les communications entre les employés sont parfois cyniques ou brusques	☐	☐
6. Le stress et l'inconfort entre les employés sont palpables durant les réunions	☐	☐
7. Les retards et les absences sont fréquents	☐	☐
8. Il y a beaucoup de résistance au changement	☐	☐
9. Certains employés ont le sentiment que vous faites du favoritisme	☐	☐
10. Vous vous faites discret; vous circulez peu dans votre département	☐	☐
Total	☐	☐

Si vous avez coché «oui» à au moins 6 indices, c'est que votre climat de travail est passablement fragilisé. Il est intoxiqué par la méfiance et l'individualisme. Votre équipe est affaiblie et elle ne peut pas vous offrir tout son potentiel.

TROIS TYPES DE RÉACTIONS QUAND LE CLIMAT VASCILLE

De façon générale, on observe trois types de réactions individuelles lorsque le climat de travail est négatif. Reconnaissez-vous ces réactions chez certains de vos employés ?

Type A

Ces employés s'accommodent relativement bien des tensions autour d'eux, parce qu'ils ne se sentent pas interpellés directement. Ils s'occupent de leurs dossiers du mieux qu'ils peuvent, sans compter sur l'aide des autres. Ils préfèrent s'isoler et travailler seuls. Ils se protègent en socialisant avec quelques personnes seulement, de façon à rester à l'écart des tensions et des problèmes.

Type B

Ces employés se sentent affectés par les tensions autour d'eux ; ils expriment leur décep-tion d'avoir à travailler dans un environnement qui n'est pas harmonieux et ils se sentent démotivés par ce climat d'insécurité. Ils ont leur travail à cœur, mais ils se laissent facile-ment distraire par les rumeurs et les ragots. Ils se protègent en étant réceptifs à toutes les informations, vraies ou fausses, qui circulent autour d'eux.

Type C

Ce sont des employés qui se montrent totalement insatisfaits du climat de travail. Ils sont prêts à quitter l'entreprise plutôt que de continuer à évoluer dans un environne-ment qu'ils considèrent malsain. Ils sont très préoccupés par la mauvaise qualité de l'environnement. Ils affichent ouvertement leur insatisfaction et sont très critiques face à l'entreprise, tout en ayant des attentes élevées. Ils se protègent en s'enquérant des emplois qui sont disponibles ailleurs dans l'entreprise, ou à l'externe. Ce sont souvent des employés très compétents.

 Activité de groupe : le diagnostic organisationnel

Le sondage qui suit vous permettra de connaître de façon précise le niveau de mobilisation de votre personnel. Les 30 éléments qui y sont présentés font référence aux conditions de base de la mobilisation, soit la confiance envers le leader, le partage des émotions et la dynamique de « l'union fait la force ».

Réunissez vos employés et donnez-leur les informations suivantes :

« L'objectif de cette rencontre est de réfléchir ensemble sur le thème de la mobilisation du personnel, ou si vous préférez, du climat de travail. Habituellement, un bon climat de travail aide les équipes à être plus efficaces et à mieux communiquer.

La rencontre d'aujourd'hui va nous permettre d'évaluer le niveau de mobilisation de notre groupe et la qualité du climat de travail, et ceci, au moyen d'un sondage organisationnel qui comporte 30 éléments. Dans un premier temps, cet exercice se fait en silence et en toute confidentialité.

Dans un deuxième temps, vos réponses seront compilées avec celles des autres, pour tracer le portrait du groupe. Ces résultats vous seront présentés à l'occasion d'une prochaine réunion, pendant laquelle nous en discuterons ensemble.

Nous allons maintenant commencer. Je vous rappelle que vos réponses doivent demeurer confidentielles, afin que chacun se sente totalement à l'aise d'exprimer son point de vue. Répondez avec sérieux et honnêteté, afin que nous obtenions un portrait réel de la situation. Je vous remercie de votre collaboration. »

Vos employés aimeront répondre à ce sondage, mais par ailleurs, ils s'attendront à ce que vous leur fassiez part des résultats compilés. N'hésitez pas à le faire. Utilisez ce sondage comme un outil de communication avec vos employés. Rassemblez-les et permettez-leur de réagir aux résultats et de proposer des pistes d'amélioration. Créez des comités de travail pour l'implantation des solutions. Favorisez toute initiative mobilisatrice ! Puis, utilisez à nouveau le sondage dans 9 à 12 mois, pour évaluer l'ampleur des progrès !

DIRECTIVES

Pour obtenir un portrait exact de la situation, il est essentiel que tous vos employés complètent le sondage, et que l'on ne puisse pas identifier les répondants. Pour qu'ils osent dire ce qu'ils pensent vraiment, vos employés doivent être totalement rassurés sur le fait que leurs réponses ne pourront être associées à leur nom. C'est très important. La meilleure façon de les rassurer là-dessus, c'est d'isoler chacun des 30 éléments du sondage et de les distribuer aux employés un par un, alors qu'ils sont tous réunis autour d'une table. Voici comment procéder :

- Distribuez l'élément 1, en leur indiquant de choisir la cote correspondant à ce qu'ils pensent (totalement d'accord, plutôt d'accord, plutôt en désaccord, totalement en désaccord).
- Puis dites-leur de plier le papier de l'élément 1 en deux, de façon à ce que personne ne puisse voir leur réponse.
- Ramassez maintenant tous les papiers de l'élément 1, en vous assurant que tous ont participé.
- Puis passez à l'élément 2, et ainsi de suite.

En séparant ainsi les éléments, il devient impossible d'identifier le répondant, puisque, contrairement à la méthode traditionnelle où on demande aux employés de répondre aux 30 éléments regroupés, on ne peut pas observer la tendance des réponses qui se dessinerait chez une même personne, En séparant les éléments les uns des autres et en assurant l'anonymat des réponses, vous obtiendrez le portrait exact de ce que pensent vos employés.

Pour chacun de ces éléments, veuillez indiquer, dans la colonne de droite, la réponse qui correspond le mieux à ce que vous pensez.

A = TOTALEMENT D'ACCORD B = PLUTÔT D'ACCORD C = PLUTÔT EN DÉSACCORD D = TOTALEMENT EN DÉSACCORD

A B C D

1. Je m'identifie positivement à l'entreprise ; à l'externe, je n'éprouve pas de gêne à dire que je travaille dans cette entreprise. ☐ ☐ ☐ ☐

2. Je m'identifie positivement à mon département ; à l'interne, je n'éprouve pas de gêne à dire que je travaille dans ce département. ☐ ☐ ☐ ☐

3. Je trouve que mon patron actuel a l'expertise qu'il faut pour prendre de bonnes décisions. ☐ ☐ ☐ ☐

4. Mon patron est un bon joueur d'équipe; il ne s'octroie pas le mérite de mes bons coups. ☐ ☐ ☐ ☐

5. Je suis satisfait de mes conditions de travail en général (rémunération, avantages sociaux, horaires, lieu, etc.). ☐ ☐ ☐ ☐

6. Je trouve qu'en général, les gestionnaires sont compétents dans notre entreprise. ☐ ☐ ☐ ☐

7. Je peux faire confiance à mon patron actuel. ☐ ☐ ☐ ☐

8. Dans mon équipe, la plupart de mes collègues fait confiance à notre patron actuel. ☐ ☐ ☐ ☐

9. Je crois que l'entreprise a un bel avenir devant elle. ☐ ☐ ☐ ☐

10. De façon générale, je considère que l'entreprise est respectueuse envers ses employés. ☐ ☐ ☐ ☐

11. La sécurité d'emploi ne me préoccupe pas pour l'instant; je ne crains pas que mon poste soit transformé ou aboli. ☐ ☐ ☐ ☐

12. En général, je trouve que les gens qui travaillent avec moi sont sympathiques. ☐ ☐ ☐ ☐

13. En général, je trouve que les gens qui travaillent avec moi sont naturels, spontanés et sincères. ☐ ☐ ☐ ☐

14. J'aimerais rester dans cette entreprise pendant encore plusieurs années. ☐ ☐ ☐ ☐

15. Mon patron s'intéresse aux difficultés que je rencontre dans l'accomplissement de mon travail et il me fait part de ses suggestions. ☐ ☐ ☐ ☐

16. De façon générale, j'apprécie la relation que j'ai avec mon patron actuel. ☐ ☐ ☐ ☐

17. Je n'hésiterais pas à recommander à mes amis de venir travailler ici. ☐ ☐ ☐ ☐

18. Dans les réunions, je me sens à l'aise d'émettre mon opinion. ☐ ☐ ☐ ☐

19. De façon générale, je peux faire confiance aux gens dans mon équipe; je n'éprouve pas de méfiance envers eux. ☐ ☐ ☐ ☐

20. Je considère que je travaille dans un environnement sain, favorable à mon épanouissement personnel. ☐ ☐ ☐ ☐

21. Si un jour je ne travaillais plus ici, je conserverais un bon souvenir de mon équipe actuelle, en général. ☐ ☐ ☐ ☐

22. Autour de moi, les gens ont à cœur d'aider les autres. ☐ ☐ ☐ ☐

23. Au travail, les gens me connaissent bien et ils peuvent souvent anticiper ma façon de réagir. ☐ ☐ ☐ ☐

24. La plupart des personnes qui travaillent autour de moi aiment leur emploi. ☐ ☐ ☐ ☐

25. J'ai le sentiment de faire partie d'une équipe compétente. ☐ ☐ ☐ ☐

26. Mes responsabilités sont bien définies et, dans l'ensemble, je sais ce que l'on attend de moi. ☐ ☐ ☐ ☐

A B C D

27. L'information relative au travail circule bien entre les gens. ☐ ☐ ☐ ☐

28. De façon générale, je me sens bien dans mon équipe actuelle. ☐ ☐ ☐ ☐

29. Je me sens privilégié de faire partie de mon équipe actuelle. ☐ ☐ ☐ ☐

30. Je crois que notre entreprise peut mieux réussir que nos
     compétiteurs ; nous pouvons nous démarquer dans notre industrie. ☐ ☐ ☐ ☐

TOTAL ☐ ☐ ☐ ☐

COMPILATION DES RÉSULTATS

Attribuez 4 points pour chaque réponse dans la colonne A ; 3 points dans la colonne B ; 2 points dans la colonne C ; 1 point dans la colonne D. Faites maintenant le total des points. Ce pointage représente l'indice global de mobilisation de votre personnel.

INTERPRÉTATION

Si le pointage obtenu se situe entre 99 et 120, l'indice de mobilisation est élevé au sein de votre personnel. Bravo ! Les gens se sentent bien ensemble, ils vous font confiance, et il existe une belle solidarité entre vous tous. En tant que gestionnaire, vous bénéficiez d'excellentes conditions pour relever des défis d'envergure. Vous pouvez compter sur une équipe stable, dévouée et fiable. Soyez tout de même vigilant par rapport aux éléments qui ont obtenu les plus bas pointages. Au cours d'une prochaine réunion, discutez de ces éléments avec vos employés et cherchez ensemble des pistes d'amélioration.

Si le pointage obtenu se situe entre 76 et 98, vos employés semblent travailler de façon harmonieuse la plupart du temps, mais la cohésion n'est cependant pas optimale. Il existe certaines tensions liées à l'organisation du travail et à la place qu'occupent certains d'entre eux au sein de l'équipe ; mais en général, les employés s'accommodent assez bien de la situation. Ils ont toutefois un attachement tiède envers votre département, ce qui vous rend vulnérable sur le plan de la rétention du personnel. Vous avez intérêt à leur donner davantage d'occasions de travailler en équipe. Soyez ouvert à leurs suggestions.

Si le pointage obtenu se situe entre 53 et 75, votre climat de travail est terne et votre département dégage peu de dynamisme. Les employés prennent peu d'initiatives, ils ne s'impliquent pas à fond dans leur travail et les retards ou les absences sont fréquents. Le contexte de travail leur occasionne de la frustration, ce qui vous rend vulnérable aux revendications et aux plaintes. Vous avez intérêt à faire quelques réorganisations dans l'environnement de travail pour diminuer les tensions. Ne vous isolez pas ; restez en contact avec vos employés et faites régulièrement des réunions. Ne laissez pas la situation se détériorer.

Si le pointage obtenu se situe entre 30 et 52, vous avez un indice élevé de démobilisation au sein de votre personnel. Les gens ne sont pas bien ensemble, ils vous accordent peu de crédibilité et ils ne tirent aucune fierté de travailler dans votre département. Ils n'ont pas confiance en votre capacité ou votre volonté de redresser la situation. Ils sont très insatisfaits de leur contexte de travail. Ils ne montrent aucun enthousiasme pour les nouveaux dossiers ou projets ; ils sont méfiants, sceptiques et peu désireux de collaborer face aux changements. Pour améliorer la situation, il sera nécessaire de favoriser des discussions ouvertes sur les éléments du sondage qui ont obtenu les plus bas pointages. L'implication d'un modérateur (comme un professionnel en ressources humaines) est fortement recommandée.

LA MOBILISATION DU PERSONNEL

LA RÉSISTANCE AU CHANGEMENT

La résistance au changement est l'un des principaux obstacles que rencontrent les gestionnaires lorsqu'ils doivent instaurer de nouvelles façons de faire. Dans les groupes où il règne un bon climat de travail, on perçoit beaucoup moins de résistance au changement, car la mobilisation du personnel apporte du soutien aux décisions des gestionnaires.

La résistance au changement est un phénomène naturel de protection. Nous faisons tous de la résistance au changement à l'occasion, lorsqu'une situation ne nous convient pas ou qu'elle nous insécurise. En milieu de travail, cette résistance peut provenir de plusieurs sources, mais elles gravitent toutes autour des trois éléments de base de la mobilisation, soit la confiance envers le leader, le partage des émotions et la dynamique de « l'union fait la force ».

Quand l'un de ces éléments, ou pire, quand ces 3 éléments sont affaiblis, les employés ne disposent pas d'un contexte favorables pour faire preuve d'ouverture d'esprit et d'enthousiasme face à la nouveauté ou au changement. Ils ont donc le réflexe de se refermer sur eux-mêmes ou de s'y opposer. C'est une réaction défensive.

Pour favoriser un rapprochement avec vos employés et obtenir leur collaboration, tentez d'anticiper leurs objections et préparez-vous en conséquence avant de les rencontrer. En prenant soin de structurer votre argumentation, vous ferez meilleure figure auprès de vos employés et vous abaisserez le niveau de tension lié au changement que vous voulez introduire. L'atmosphère de la rencontre sera moins tendue, ce qui favorisera un esprit plus constructif.

DES MOTS-CLÉS À RETENIR POUR LA MOBILISATION DU PERSONNEL

C comme dans COHÉSION : un pour tous, et tous pour un ! Faites preuve d'esprit d'équipe !

L comme dans LEADERSHIP : ne laissez pas votre climat de travail se détériorer. Prenez les choses en main !

E comme dans ÉMOTIONS : faites place aux émotions dans votre équipe. Elles apportent de la vie dans l'environnement de travail.

S comme dans STIMULER : mettez de la couleur dans vos relations, vos réunions, vos solutions, dans tout ! Offrez à vos employés un environnement dynamique !

R comme dans RÉUNIONS : n'hésitez pas à consulter vos employés et à discuter avec eux. Impliquez-les dans votre recherche de solutions !

J'OBSERVE MA PROPRE ATTITUDE...

Je fais un exercice d'introspection en réfléchissant aux questions suivantes :

✓ Est-ce que mes rapports avec mes employés sont agréables ou stressants ?

✓ De quelle façon est-ce que je contribue au maintien d'un bon climat de travail au sein de mon équipe ?

✓ Qu'est-ce qui pourrait faire du bien à mon équipe ?

✓ Comment pourrais-je décrire mon style de leadership comme gestionnaire ?

Exercice sur la résistance au changement

Voici les principaux éléments de résistance au changement que l'on retrouve en milieu de travail. D'après vous, de quels éléments devriez-vous tenir compte pour obtenir une meilleure collaboration de vos employés?

LA CRÉDIBILITÉ EN GESTION
« Tout le monde trouve que vous avez pris une mauvaise décision parce que vous avez mal évalué l'ampleur du changement; le moment est mal choisi; c'est une décision impulsive. »

QUE RÉPONDEZ-VOUS À ÇA?

L'EFFORT REQUIS
« Tout le monde trouve que vous avez pris une mauvaise décision parce que la barre est trop haute; nous n'avons pas l'expertise ou la compétence nécessaire. »

LES CHANCES DE SUCCÈS
« Tout le monde trouve que vous avez pris une mauvaise décision parce que la cause est perdue d'avance, nos efforts ne serviront à rien. »

LA TRANSPARENCE
« Tout le monde trouve que vous avez pris une mauvaise décision parce que c'est audacieux et spectaculaire; vous nous cachez sûrement quelque chose. »

L'HISTORIQUE
« Tout le monde trouve que vous avez pris une mauvaise décision parce que c'est du déjà vu, on ne fait que tourner en rond. »

L'INTÉRÊT
« Tout le monde trouve que vous avez pris une mauvaise décision parce que c'est futile et peu intéressant comme projet. Ça manque de sérieux. »

LA COHÉRENCE
« Tout le monde trouve que vous avez pris une mauvaise décision parce que ça nous fait dévier de nos priorités principales. Ce n'est pas cohérent avec votre discours habituel. »

LES MOYENS
« Tout le monde trouve que vous avez pris une mauvaise décision parce que nous n'avons pas les ressources humaines, financières, matérielles et informationnelles qui sont nécessaires pour réussir. »

Voici quelques exemples d'activités mobilisatrices qui sont habituellement très appréciées par les employés. L'objectif de ces activités est de permettre à tous, gestionnaires et employés, de passer un moment agréable et, conséquemment, de resserrer les liens qui les unissent.

Consultez vos employés et demandez-leur ce qu'ils pensent de ces activités. Soyez attentif à leurs suggestions et n'hésitez pas à leur confier la responsabilité d'organiser des activités qui leur plaisent. L'effet mobilisateur se fera sentir avant même la tenue de l'activité, soit dès la création d'un comité dédié à la planification, à l'organisation, puis à l'animation de l'activité.

LA JOURNÉE ANNIVERSAIRE

Une fois par année, à la date de création de l'entreprise, tout le monde est invité à porter un vêtement aux couleurs corporatives, pour souligner l'appartenance à l'organisation. Et en cette occasion, la journée de travail se termine 30 minutes plus tôt qu'à l'habitude!

LE MIDI-GRILLADES ANNUEL

Au retour des vacances et pour bien amorcer la rentrée, quoi de plus sympathique qu'un « midi-grillades » dans le stationnement ou sur le terrain de l'entreprise. Ce sont les gestionnaires qui assurent le service! Au menu: épis de maïs, hot dogs et hamburgers, le tout agrémenté de musique entraînante.

LES REPAS-MIDI DU DIRECTEUR GÉNÉRAL

Une fois par mois, le directeur général invite 6 employés à sa table, pour partager un bon repas et échanger avec eux sur les sujets de leurs choix. Un dîner mémorable, dans un cadre informel. Une excellente occasion de mieux se connaître de part et d'autre. Les employés sont sélectionnés comme suit: les deux personnes possédant le plus d'ancienneté dans l'entreprise, n'ayant encore jamais participé à cette activité, accompagnées chacune de deux collègues de leur choix, pour un total de 6 personnes.

LES SAMEDIS-PLEIN-AIR

En été et en hiver, tout le monde est convié à une journée d'activités familiales dans une base de plein air. Chasse au trésor, baignade ou ski de fond, jeux pour les enfants, repas communautaire, soirée musicale, prix de présence, tout ce qu'il faut pour s'amuser en famille, en compagnie des collègues!

UNE ACTION HUMANITAIRE

Des employés sont mis à contribution pour faire une collecte de vêtements, de jouets ou d'aliments pour des familles du quartier qui sont dans le besoin, ou pour servir un repas dans un centre pour itinérants, aller rendre visite à des prisonniers, des personnes âgées ou des enfants hospitalisés, etc. Après l'activité, on rapporte l'expérience vécue par les employés dans le journal interne, avec quelques photos à l'appui. Un beau geste humanitaire!

LES CONFÉRENCES INTIMES

En trois occasions durant l'année, une personnalité inspirante et connue du grand public est invitée à venir rencontrer le personnel et à témoigner de son parcours, avec ses hauts et ses bas. Que ce soit sur le thème de l'alcoolisme, de la drogue, de la faillite financière ou autre, c'est un moment d'émotion à vivre en groupe. L'activité dure environ 90 minutes et elle a lieu en toute simplicité dans une salle de réunion de l'entreprise, pendant les heures de travail des employés.

Bonjour les cousins

Une dizaine d'employés, sélectionnés par tirage au sort, vont vivre l'expérience de représenter l'entreprise lors d'une visite de reconnaissance auprès des « cousins » qui travaillent au siège social, dans une filiale ou une succursale. Pendant deux jours, ils seront hébergés à l'hôtel, ils seront reçus par les dirigeants de l'endroit, ils visiteront les installations, et ils partageront un repas avec des « cousins » occupant une fonction connexe à la leur. Toute une sortie en perspective !

À vous de jouer !

Pendant l'heure du dîner, un petit tournoi amical, ça vous dirait ? Un local est aménagé avec quelques divertissements tels que soccer de table, jeux de cartes, jeux de société. Tout le monde est le bienvenu, l'important c'est de s'amuser !

Marche et santé

Deux fois par semaine, un animateur rencontre les employés sur l'heure du dîner pour nourrir leur motivation à se mettre (ou se maintenir) en forme. Le programme inclut des discussions sur l'alimentation, le tabac, l'activité physique, la détente, etc. Puis la rencontre se termine par une marche rapide à l'extérieur, tout le monde ensemble !

La semaine des employés

Pendant 5 jours consécutifs, le travail côtoie le divertissement : décorations, déguisements, activités, sorties, c'est la Semaine des employés. Chaque unité de travail se voit octroyer un petit budget spécial pour mettre sur pied ses propres initiatives mobilisatrices, qu'elle doit faire connaître aux autres unités. C'est la compétition dans le plaisir ! La semaine se termine par une activité corporative rassembleuse, comme un spectacle mettant en vedette les talents des employés.

JE DOIS ME RAPPELER QUE...

... si mes employés sont bien lorsqu'ils sont ensemble et qu'ils le sont aussi avec moi, alors tout est plus simple, tout est plus facile. L'harmonie dans un groupe est un puissant outil de mobilisation.

LES PIÈGES À ÉVITER

✓ Tenir pour acquis notre crédibilité comme gestionnaire ;

✓ Se faire discret dans le département ;
✓ Créer de la compétition ou de la jalousie entre les employés ;
✓ Empêcher les employés de rire entre eux ;
✓ Abolir les programmes de reconnaissance plutôt que de les améliorer.

LES PRATIQUES GAGNANTES

✓ Favoriser un environnement de travail sympathique et joyeux ;

- ✓ Faire des réunions avec des tours de table ;
- ✓ Créer des comités d'employés pour la recherche de solutions ;
- ✓ Anticiper les arguments de résistance au changement ;
- ✓ Effectuer un diagnostic organisationnel à chaque année.

JE POURRAI DIRE « MISSION ACCOMPLIE » LORSQUE...

... j'aurai le sentiment que les gens dans mon équipe collaboreront tout aussi bien entre eux lorsque je suis absent que lorsque je suis présent. Mon groupe sera capable de s'autogérer de façon harmonieuse et mes employés feront preuve d'un bon esprit d'équipe. Ils s'entraideront et s'encourageront mutuellement. Chacun aura sa place dans le groupe, il n'y aura pas de clans et les gens seront naturels avec moi.

LE COURRIER DU LECTEUR

Nous aimons mettre en évidence les « bons coups » de nos employés mais malheureusement, ça occasionne des moqueries et même de la jalousie de la part de certains. Nous pensons qu'il serait peut-être mieux de renoncer à notre programme de reconnaissance. Qu'en pensez-vous ?

Ce serait dommage que vous renonciez à une action aussi valable. Il est possible que les employés qui critiquent expriment tout haut ce que plusieurs pensent tout bas. Mais il est possible aussi que ces critiques soient isolées. Quel poids devez-vous accorder à ces critiques ? Pourquoi votre programme de reconnaissance est-il critiqué ? Pouvez-vous l'améliorer au lieu de l'abolir ? Je vous recommande de consulter

vos employés à ce sujet. Peut-être que l'information concernant le programme circule mal, peut-être que les critères de sélection manquent de transparence, et peut-être aussi que le programme manque d'envergure. Il y a toujours place à l'amélioration. Comme dans toute chose, les programmes de reconnaissance doivent être mis à jour régulièrement, revus, corrigés et actualisés. Il faut les entretenir et les rafraîchir, sans quoi ils perdent de leur éclat et de leur impact. Ils finissent par être banalisés. Vous pourriez engager une discussion à ce sujet avec vos employés au cours d'une réunion, ou faire un sondage. Si vous en venez à la conclusion qu'il est préférable d'abolir le programme, alors essayez de le transformer en un programme d'un autre type, mais ne laissez pas tout tomber. La reconnaissance en milieu de travail est nécessaire, tant sur le plan individuel que collectif.

Comment peut-on maintenir l'enthousiasme au travail chez nos employés ?

C'est d'abord en dégageant soi-même de l'enthousiasme. Un patron effacé qui ne s'exclame jamais, qui ne sourit jamais, a un effet d'éteignoir sur un groupe. L'enthousiasme, c'est communicatif. Si vous êtes une personne effacée, ne craignez pas les employés qui occupent une grande place dans votre groupe par leur jovialité et leur enthousiasme. Vous remarquerez que les gens se rassemblent spontanément autour d'eux. C'est très bon pour l'esprit de groupe et pour maintenir la stimulation des gens au travail. C'est donc bon pour vous aussi, en tant que gestionnaire. Tentez de prendre exemple sur ces employés.

Mais en tant que contremaître, ce n'est pas une garderie que je gère... Les gens devraient se mobiliser par eux-mêmes. De toute manière, la mobilisation du personnel relève du service des ressources humaines, non ?

Non, certainement pas ! Les gens du Service des ressources humaines n'ont rien à voir dans la mobilisation de votre équipe de travail. Ils n'ont pas de liens directs et soutenus avec l'ensemble de vos employés ; ils seraient donc très mal placés pour soutenir leur enthousiasme au quotidien. La mobilisation du personnel repose d'abord sur les épaules du contremaître, qui a la responsabilité de tirer le meilleur parti de son équipe. Pour obtenir le meilleur rendement de vos employés, il faut qu'ils soient à l'aise avec vous et entre eux. Quand les gens sont sur leurs gardes, méfiants et tendus, ils ne peuvent pas offrir le meilleur d'eux-mêmes. Là où le service des ressources humaines intervient, c'est pour vous aider dans vos efforts de mobilisation. Vous y trouverez conseils et suggestions pour mettre sur pied des initiatives complémentaires.

Les professionnels en ressources humaines vous conseilleront sans doute de faire des réunions avec vos employés, avec des tours de table. C'est très mobilisateur en effet. Il s'agit de laisser chaque personne s'exprimer à tour de rôle pendant 3 ou 4 minutes sur son travail, ses initiatives, ses préoccupations. Ça permet à chacun, incluant vous, de se connecter à la réalité des autres. C'est un tour de table, pas un débat. Lorsque tout le monde s'est exprimé et que le partage d'informations est terminé, vous avez la possibilité de déclencher des discussions en fonction de ce qui a été dit. Par exemple, ça pourrait être de chercher ensemble une solution au fait que tel secteur de la production ait pris du retard, ou que telle personne doive bientôt s'absenter pour les vacances et qu'elle n'a pas encore de relève, ou encore que certaines contraintes ont été rapportées par plusieurs employés pendant le tour de table et qu'il serait peut-être opportun de créer un comité pour essayer de résoudre ces problèmes. Pendant un tour de table, votre rôle est d'assurer le bon ton des échanges et de veiller à ce que ce soit un moment agréable pour vous et votre équipe. Ce genre de réunions constitue un moyen très efficace pour maintenir l'enthousiasme chez vos employés.

Comment peut-on mesurer l'impact d'une activité de mobilisation sur le climat de travail ?

C'est toujours un défi en gestion des ressources humaines que d'arriver à mesurer l'intangible. La meilleure façon demeure le sondage organisationnel, surtout s'il est administré de façon répétitive : une fois par année à la même date, par exemple. Ça nous permet de mesurer l'évolution du climat de travail d'un sondage à l'autre.

Mais le climat de travail, ça s'évalue aussi par la simple observation. Les gens ont-ils l'air bien, s'échangent-ils des sourires, se regardent-ils dans les yeux ou au contraire, ont-ils toujours l'air tendu ? Les communications ne sont-elles échangées qu'entre quelques personnes seulement ? Normalement, plus le climat de travail est bon, plus il y a d'interactions spontanées entre les gens. Quand une activité de mobilisation a été efficace, ça se ressent dès le retour au travail le lendemain, par la qualité des communications et des relations entre les gens.

BLOC NOTES

Inscrivez les idées ou réflexions qui vous sont venues à l'esprit en lisant ce chapitre. Utilisez ensuite ces notes personnelles comme aide-mémoire pour la mobilisation de votre personnel.

_____

_____

_____

_____

_____

_____

Chapitre 5

LA **GESTION** DES **CONFLITS**

Pourquoi craignez-vous qu'il y ait des tensions entre vos employés? Craignez-vous que ça ne dégénère et que vous ne puissiez plus contrôler la situation? Il est vrai qu'un conflit n'est en rien agréable et qu'il apporte du stress dans l'environnement. Il y a des milieux de travail où on retrouve beaucoup de conflits et d'autres où le climat est harmonieux. La différence entre les deux s'explique habituellement par la qualité de leadership du gestionnaire. Eh oui! Encore le gestionnaire! Et pourtant, c'est comme ça. Imaginez une bande de frères et sœurs laissés à eux-mêmes pendant que les parents sont sortis. Si aucun de ces enfants n'a d'autorité sur les autres, autrement dit si aucun de ces enfants n'est le représentant officiel des parents, il y a fort à parier qu'en l'absence du chat, les souris vont danser...

On se retrouve dans un contexte de non-encadrement, voire d'anarchie où chacun prend la liberté d'agir comme il lui plaît. Les circonstances sont alors propices aux tensions entre les enfants et aux conflits de valeurs sur ce qui est acceptable et ce qui ne l'est pas en l'absence des parents.

En milieu de travail, c'est la même chose. Si le patron est un parent absent ou effacé, avec peu de leadership, alors les employés agissent librement, sans règles de conduite. Ça occasionne des différences com-portementales et des conflits de valeurs entre les employés. Mais en présence d'un leader solide, il est plutôt rare de voir des conflits ouverts entre des employés.

Bien qu'on ne puisse pas exiger que tout le monde s'entende bien, il reste qu'en milieu de travail, on doit pouvoir exiger de chacun qu'il contribue sainement aux résultats du groupe. Le bien commun doit prendre le pas sur les considérations individuelles. C'est l'impact sur le groupe qui détermine la gravité d'un conflit.

Si un conflit éclate entre vos employés, ne fuyez pas la situation. Au contraire, faites-y face avec courage et détermination. Rencontrez les personnes concernées et parlez avec elles. Rétablissez les règles du jeu dans votre équipe et demeurez aux aguets. Favorisez un environnement de travail sympathique et humain, en distribuant allègrement les marques d'attention et de reconnaissance envers chacun. Votre environnement de travail sera un terrain moins fertile pour l'apparition des conflits.

LA SÉQUENCE E-R-V-A

La plus grosse erreur que l'on puisse faire en gestion des conflits, c'est d'oublier qu'il y a toujours deux côtés à une médaille. Vous ne pouvez pas arrêter votre jugement sur la base d'une seule version des faits. Lorsque vous devez intervenir dans un conflit qui oppose deux employés, vous avez la responsabilité de comprendre le point de vue de chacun, car aucun des deux n'interprète les faits de la même façon. Vous devrez donc vous fier à votre propre jugement pour décider de la suite des choses.

Mais avant de prendre une décision, quelle qu'elle soit, il est sage de s'appuyer sur des informations qui sont fiables. Chacun d'entre nous a le souvenir d'avoir déjà pris une décision hâtive, voire même impulsive, et que l'on a un peu regrettée par la suite. « *Si j'avais su, j'aurais agi autrement...* » En gestion de conflits, on est confronté au même risque d'erreur. Avant de prendre position dans un conflit, il faut prendre le temps de réfléchir et de s'assurer que les informations que l'on détient sont véridiques, complètes et pertinentes. Ne réagissez pas de façon impulsive dans un conflit. Assurez-vous d'abord d'avoir un portrait exact de la situation.

ÉCOUTER

Dans un premier temps, écoutez l'un des deux opposants. Faites preuve d'ouverture, mais sans prendre parti, sans annoncer votre position. Il est trop tôt pour ça, car vous n'avez pas encore entendu la version de l'autre opposant. Vous n'en êtes qu'à l'étape préliminaire de la collecte d'informations.

RÉFLÉCHIR

Dans un deuxième temps, prenez un peu de recul pour réfléchir à ce qu'il vous a raconté. Libérez-vous de toute charge émotive. Cultivez le calme. Puis positionnez-vous. Déterminez dès maintenant votre cadre d'analyse et de référence, car vous aurez bientôt accès à d'autres informations, qui seront peut-être en totale contradiction avec celles que vous avez obtenues jusque-là.

VALIDER

Dans un troisième temps, entendez la version de l'autre opposant et complétez votre collecte d'informations. Comparez-les ensuite à celles que vous aviez déjà : puis, ne conservez que les informations qui s'avèrent solides, complètes et pertinentes, d'après votre bon jugement. Ces informations sont celles que les opposants reconnaîtraient tous deux comme étant justes et vraies. C'est à partir de ce noyau que vous pourrez agir.

AGIR

Puis, dans un quatrième temps, déterminez la suite des événements en ne vous appuyant que sur ces informations objectives. Référez-vous aux procédures habituellement utilisées dans ce genre de situations par votre organisation (clarification des rôles et responsabilités, réprimande, mesures disciplinaires, etc.). S'il n'existe aucune procédure ou antécédent auxquels vous référer, vous devrez alors faire preuve d'initiative et appliquer les mesures qui vous semblent les plus logiques, dans ces circonstances. Par ailleurs, vous pourriez demander l'opinion de certains de vos confrères et consœurs à l'interne ; peut-être auraient-ils des suggestions à vous faire. Faites-leur part de votre

LE TABLEAU RÉCAPITULATIF DE LA SÉQUENCE E-R-V-A

ÉTAPE 1 OUVERTURE	ÉTAPE 2 RECUL	ÉTAPE 3 OBJECTIVITÉ	ÉTAPE 4 ORIENTATION
ÉCOUTER	RÉFLÉCHIR	VALIDER	AGIR
L'employé X vous explique le conflit qui l'oppose à l'employé Y. Il vous donne sa version des faits. Terminez la rencontre par un résumé satisfaisant pour l'employé X.	Vous vous dégagez de toute charge émotive, vous vous positionnez avec calme. Vous établissez votre cadre d'analyse et de référence.	L'employé Y vous explique le conflit qui l'oppose à l'employé X. Il vous donne sa version des faits. Vous décelez le noyau d'informations objectives (informations solides, complètes et pertinentes). Terminez la rencontre par un résumé satisfaisant pour l'employé Y.	Selon votre cadre d'analyse et de référence, vous déterminez les suites à donner, en fonction du noyau d'informations objectives recueillies.
QUESTIONS À LUI POSER	QUESTIONS À VOUS POSER	QUESTIONS À LUI POSER	QUESTIONS À VOUS POSER
Est-ce que tu as essayé d'en parler avec lui? Est-ce que tu as tenté quelque chose pour résoudre le conflit? Qu'est-ce que tu suggères? Quelle devrait être la suite des choses d'après toi?	Qu'est-ce que je pense des propos de l'employé X? Qu'est-ce qui me dérange ou m'affecte dans ses propos? Est-ce que j'ai déjà vécu une situation de ce genre? Quel est mon niveau de tolérance face à une telle situation? Quelles informations additionnelles aimerais-je avoir? Comment mon équipe est-elle affectée par ce conflit?	Est-ce que tu as essayé d'en parler avec lui? Est-ce que tu as tenté quelque chose pour résoudre le conflit? Qu'est-ce que tu suggères? Quelle devrait être la suite des choses d'après toi?	Compte tenu des informations objectives que je détiens, qu'est-ce que je pense de tout ça? Qu'est-ce que je veux obtenir comme résultat pour le bien de mon équipe? Qu'est-ce que je dois exiger de la part de l'employé X? Et de l'employé Y? Des sanctions sont-elles nécessaires? Des suivis? Des contrôles? Du support? Des encouragements? Quelles sont les procédures utilisées habituellement dans ce genre de situation?

LE TABLEAU DES TROIS SOURCES DE CONFLIT			
	A	B	C
	SENTIMENT D'INJUSTICE (SOURCE DE L'INCONFORT)		
RÉACTIONS NORMALES	MANQUE DE CONSIDÉRATION, DE RESPECT, TRAHISON, HYPOCRISIE	HARCÈLEMENT, PERSÉCUTION, MALVEILLANCE, MÉCHANCETÉ	NUISANCE, INCOMPÉTENCE, INUTILITÉ, INEFFICACITÉ, IRRESPONSABILITÉ
Méfiance	✓	✓	✓
Déception	✓		
Tristesse	✓		
Contrariété	✓		
Étonnement	✓		
Frustration	✓		✓
Fermeture	✓		
Rancune	✓		
Rancœur		✓	
Crainte		✓	
Peur		✓	
Insécurité		✓	✓
Déstabilisation		✓	
Détresse		✓	
Isolement		✓	
Impatience			✓
Intolérance			✓
Dénigrement			✓

problématique. Il y a aussi les associations professionnelles qui peuvent vous apporter un certain éclairage. Somme toute, vous devez atteindre un degré de confort suffisant avant d'entreprendre quelqu'action que ce soit.

Mémorisez ces 4 lettres : E-R-V-A. Écouter, Réfléchir, Valider, Agir. Elles vous aideront à rester calme si un conflit éclate dans votre équipe. En tant que patron, vous devrez intervenir si le conflit semble important ou durable ; alors, pour être un facilitateur efficace, prenez soin d'appliquer cette séquence : E-R-V-A. On y retrouve les concepts d'ouverture, de recul, d'objectivité et d'orientation, qui sont nécessaires à toute démarche de médiation ou de conciliation.

LES TROIS SOURCES DE CONFLIT

Tentons maintenant de simplifier la compréhension des conflits afin d'en faciliter le processus de gestion. Un conflit, ce sont des gens qui s'opposent. Ces gens interprètent le conflit à partir de leur propre cadre de référence et de leurs propres valeurs.

COMMENT UTILISER LE TABLEAU DES TROIS SOURCES DE CONFLIT

Dans la catégorie A, la personne impliquée dans le conflit se sent injustement traitée par son adversaire parce qu'elle a le sentiment qu'il lui manque de respect, de considération. Elle peut aussi se sentir victime d'hypocrisie ou même de trahison. Ça entraîne chez elle une réaction de méfiance à l'endroit de son adversaire, accompagnée d'étonnement, de déception, de contrariété, parfois de tristesse et de repli sur soi. Vous trouverez dans la colonne « Réactions normales » différentes façons de réagir chez les gens qui vivent un sentiment d'injustice relié à la catégorie A.

Dans la catégorie B, la personne impliquée dans le conflit se sent injustement traitée par son adversaire parce qu'elle a le sentiment qu'il tente de lui faire obstruction, de la mettre hors circuit. La personne peut ressentir une certaine forme de méchanceté ou de malveillance chez son adversaire; elle se sent harcelée ou même persécutée. La personne va alors se sentir déstabilisée et des réactions normales seraient la rancœur, l'insécurité, la peur, la détresse.

Quant à la catégorie C, la personne impliquée dans le conflit se sent injustement traitée par son adversaire parce qu'elle a le sentiment qu'il est un obstacle à son propre succès, à son propre épanouissement. En effet, elle considère que son adversaire lui nuit, parce qu'elle le juge incompétent, inefficace ou irresponsable. À ses yeux, il est un poids qu'il lui faut subir contre son gré. Parmi les réactions normales à une telle situation, notons la frustration, l'insécurité, l'intolérance et le dénigrement.

Dans ce tableau, n'hésitez pas à enrichir la liste des réactions normales, en y ajoutant les réactions que vous avez pu observer ou expérimenter par vous-même. Cette liste vous servira de référence pour mieux interpréter les réactions des adversaires dans les conflits où vous serez appelé à intervenir.

Mais tous se sentent victimes d'incompréhension et d'une certaine forme d'injustice parce que, de leur propre point de vue, ils ont raison d'agir et de penser comme ils le font. Si ce n'était pas le cas, on ne parlerait pas de conflit, mais simplement d'un malentendu, ce qui pourrait se régler sans trop de difficultés.

Le sentiment d'injustice crée un inconfort, un malaise qui va s'exprimer de différentes façons, selon les personnes et la nature de ce sentiment d'injustice. Généralement, on peut regrouper toutes les sources de conflit à l'intérieur de 3 catégories, que l'on nommera ici catégories A, B ou C. Au cours de ce chapitre, vous serez invité à identifier la catégorie à laquelle correspond le conflit en question, et à considérer les différentes réactions qui y correspondent. Vous ne pourrez que formuler des hypothèses, évidemment, puisque vous n'êtes pas dans la peau de la personne qui vit le conflit. Néanmoins, ça vous aidera à stimuler votre réflexion et à mieux comprendre les différentes réactions des adversaires dans un conflit.

Je fais un exercice en gestion de conflits

Voici trois scénarios de conflits. Lisez bien chacun des scénarios et répondez aux questions qui vous sont proposées. Même si ces scénarios peuvent ressembler à des situations que vous avez déjà vécues, il y a toujours des particularités qui font en sorte qu'il n'existe pas de recette toute prête à utiliser. L'objectif de cet exercice est d'établir votre position en tant que gestionnaire, en vous référant aux concepts de la séquence E-R-V-A (page 91) et au tableau des trois sources de conflit (page 92). Exercez-vous à appliquer une démarche d'analyse structurée, plutôt que de vous laisser porter par les émotions inhérentes au conflit.

SCÉNARIO 1

Au moment où vous entrez à la cafétéria de l'usine, vous apercevez Antonin Côté, votre nouveau machiniste en poste depuis 2 mois, s'en prendre à un autre machiniste, Maxime Corriveau, qui travaille dans votre département depuis 6 ans. Vous voyez clairement Antonin Côté saisir Maxime Corriveau à la gorge, l'invectiver avec véhémence, et le repousser brusquement avant de quitter la cafétéria, d'un pas décidé. Pas de doute, vous venez d'assister à une agression physique en milieu de travail. Lorsque Maxime Corriveau constate votre présence, il vous regarde l'air ébahi et vous dit : *« Mais qu'est-ce qui lui a pris à ce gars-là ? Il est complètement fou ! J'espère que vous ne laisserez pas passer ça, sinon, ça va aller mal, je vous en fais la promesse ! »*

Remarque : de nombreux gestionnaires seraient portés à réagir sur-le-champ. Ils sont tout à fait convaincus qu'un tel comportement est inacceptable en milieu de travail : Antonin Côté n'ayant pas encore terminé sa période de probation, ils sont tentés de procéder à son congédiement. Mais il serait prématuré de réagir sur-le-champ, puisque la collecte d'informations n'a pas été faite. Le gestionnaire doit baser ses décisions sur des informations objectives, qui sont solides, complètes et pertinentes.

Vous rencontrez donc Maxime Corriveau dans votre bureau où, à l'abri des curieux, vous pourrez recueillir sa version des faits. En bref, voici ce qu'il vous dit : *« Ce gars-là agit comme une prima donna. Pas moyen de rire avec lui, ni même de lui parler, sans qu'il ne monte sur ses grands chevaux. Si monsieur se croit plus important parce qu'il a fait des études, il faudrait qu'il comprenne qu'ici, c'est l'expérience qui fait la valeur de quelqu'un. On n'a pas besoin de gars comme lui ici. »*

1ᵉ SÉRIE DE QUESTIONS À VOUS POSER

- Pouvez-vous synthétiser les propos de Maxime Corriveau en quatre ou cinq mots clés ?
- D'après vous, quel est le sentiment d'injustice (A, B ou C) qui est à la source de l'inconfort de Maxime Corriveau à l'endroit d'Antonin Côté ?
- Compte tenu de votre hypothèse quant au sentiment d'injustice de Maxime Corriveau, quelles seraient les réactions normales de sa part, dans les circonstances ?
- Avez-vous déjà vécu une situation de ce genre ?
- Si oui, qu'en avez-vous tiré comme leçon ? Qu'est-ce que ça vous a appris ?
- Comment vous sentez-vous par rapport aux propos de Maxime Corriveau ?
- De quelles informations additionnelles aimeriez-vous disposer pour bien comprendre la situation ?
- Comment ce conflit peut-il affecter le rendement de votre équipe et le climat de travail ?

Vous rencontrez maintenant Antonin Côté dans votre bureau pour recueillir sa version des faits. Voici ce qu'il vous raconte, en bref: *«Je regrette mon geste d'agressivité. Ça ne devrait jamais se faire, ni au travail, ni ailleurs. Je suis habituellement un gars très calme et bien à ma place; j'ai toujours été très apprécié chez mes autres employeurs. Mais là, je dois avouer que ce Corriveau a réussi à me faire sortir de mes gonds. Depuis le premier jour où je suis arrivé ici, il a été constamment sur mon dos. Ou bien il m'ignore complètement quand je lui pose une question, ou bien il me donne des informations imprécises et parfois même erronées. À plusieurs reprises, il a caché mes outils, ce qui me faisait prendre du retard dans mon travail. Il dit toujours que c'est pour rire, et que je n'ai vraiment pas le sens de l'humour. Mais moi, je ne vois pas ce qu'il y a de drôle là-dedans. Quant aux autres machinistes, on dirait qu'ils ont peur de lui. Quand il fait ça, tout le monde s'éclipse, sans rien dire. Quand je vous ai rencontré il y a 3 semaines pour vous faire part de la situation, vous m'avez dit que le temps arrangerait sûrement les choses, et qu'étant le p'tit nouveau dans l'équipe, je pouvais voir ça comme un rite d'initiation. Mais là, je considère que j'ai été assez initié! Je veux maintenant être respecté, et que Corriveau me laisse faire mon travail. À la cafétéria, il a commencé à me provoquer devant tout le monde, et là, j'en ai eu assez. Trop, c'est trop! Je suis prêt à aller lui présenter des excuses, pourvu qu'à l'avenir il me laisse tranquille.»*

2ᵉ SÉRIE DE QUESTIONS À VOUS POSER

- Pouvez-vous synthétiser les propos d'Antonin Côté en quatre ou cinq mots clés?
- D'après vous, quel est le sentiment d'injustice (A, B ou C) qui est à la source de l'inconfort d'Antonin Côté à l'endroit de Maxime Corriveau?
- Compte tenu de votre hypothèse quant au sentiment d'injustice d'Antonin Côté, quelles seraient les réactions normales de sa part dans les circonstances?
- Qu'est-ce qui est commun aux deux témoignages que vous avez entendus? Qu'est-ce qui se recoupe? Quelles sont les informations qui seraient considérées comme vraies et justes par les deux parties?
- Que pensez-vous de ce conflit?
- Comment ce conflit affecte-t-il le rendement de votre équipe, et le climat de travail?
- Quel résultat souhaitez-vous obtenir?
- Dans ce conflit, que pouvez-vous exiger de Maxime Corriveau? et d'Antonin Côté?
- Dans votre entreprise, quelles sont les procédures à suivre dans une telle situation?

SCÉNARIO 2

Vous êtes le propriétaire d'un magasin de pièces d'auto. Vous recevez la visite impromptue de monsieur Gravel, un de vos plus importants clients, qui génère à lui seul 30% de vos revenus de ventes. Il semble très contrarié et il demande à vous rencontrer dans votre bureau, où il vous tient ces propos: *«Je ne veux plus que votre employé François Marcotte s'occupe de mon compte. C'est la troisième fois en un mois qu'il y a des erreurs dans mes commandes. Si vous ne pouvez pas me procurer les pièces dont j'ai besoin, alors je vais aller ailleurs. J'ai toujours eu du bon service ici, mais depuis quelques semaines, ça ne va pas du tout. Je ne veux plus faire affaire avec François Marcotte.»*

- Pouvez-vous synthétiser les propos de M. Gravel en quatre ou cinq mots clés?
- D'après vous, quel est le sentiment d'injustice (A, B ou C) à la source de l'inconfort de M. Gravel à l'endroit de François Marcotte?
- Compte tenu de votre hypothèse quant au sentiment d'injustice de M. Gravel, quelles seraient les réactions normales de sa part dans les circonstances?
- Avez-vous déjà vécu une situation de ce genre?
- Si oui, qu'en avez-vous tiré comme leçon? Qu'est-ce que ça vous a appris?
- Comment vous sentez-vous par rapport aux propos de M. Gravel?
- De quelles informations additionnelles aimeriez-vous disposer pour bien comprendre la situation?
- Comment ce conflit peut-il affecter le rendement de votre équipe et le climat de travail?

Vous rencontrez maintenant François Marcotte et vous l'informez de l'insatisfaction de M. Gravel à son endroit. Voici, en bref, ce qu'il vous répond: «*M. Gravel est injuste envers moi. D'ailleurs, ce n'est pas moi qui ai commandé ses dernières pièces. J'avais demandé à Alexandre de s'en occuper, pour que je puisse me concentrer sur la prise d'inventaire annuelle. M. Gravel a tort de penser que c'est moi le coupable. C'est bien moi qui suis en charge du service à la clientèle, mais ce n'est pas ma faute si Alexandre s'est trompé dans les pièces que je lui ai dit de commander pour M. Gravel. Quand j'ai remis les pièces à l'employé de M. Gravel, je n'ai pas cru bon de vérifier si tout était correct parce que, d'habitude, Alexandre ne fait pas d'erreurs.*»

2e SÉRIE DE QUESTIONS À VOUS POSER

- Pouvez-vous synthétiser les propos de François Marcotte en quatre ou cinq mots clés?
- D'après vous, quel est le sentiment d'injustice (A, B ou C) à la source de l'inconfort de François Marcotte à l'endroit de M. Gravel?
- Compte tenu de votre hypothèse quant au sentiment d'injustice de François Marcotte, quelles seraient les réactions normales de sa part dans les circonstances?
- Qu'est-ce qui est commun aux deux témoignages que vous avez entendus? Qu'est-ce qui se recoupe? Quelles sont les informations qui seraient considérées comme vraies et justes par les deux parties?
- Que pensez-vous de ce conflit?
- Comment ce conflit peut-il nuire au rendement de votre équipe et au climat de travail?
- Quel résultat souhaitez-vous obtenir?
- Dans ce conflit, que pouvez-vous exiger de M. Gravel? et de François Marcotte?
- Que pouvez-vous faire pour ne plus jamais revivre une telle situation dans votre entreprise?

SCÉNARIO 3

Caroline Desmarchais est préposée à l'entrée des données au Service de la facturation chez Périgo inc. Sa supérieure immédiate, Huguette Périgny, la convoque à son bureau et lui tient ses propos: «*Caroline, comme tu le sais, nous sommes dans l'embarras depuis le départ de David Luongo, car nous avons accumulé beaucoup de retard et les clients se plaignent de plus en plus. Ce matin, le grand patron m'a questionnée à ton sujet. Je lui ai dit que* tu es une personne très fiable et très travaillante, toujours disponible et prête à aider. C'est alors qu'il m'a dit de te confier plus de responsabilités, dès aujourd'hui. Voici donc les dossiers de David. Le patron te remercie à l'avance de ton esprit corporatif. »

Trois semaines après cette conversation, en plein après-midi, Caroline est soudainement partie en claquant la porte, sans donner d'explication.

QUESTIONS

- Pouvez-vous résumer la situation en quatre ou cinq mots clés ?
- D'après vous, quel est le sentiment d'injustice (A, B ou C) à la source de l'inconfort de Caroline Desmarchais envers Perigo inc. ?
- Compte tenu de votre hypothèse quant au sentiment d'injustice de Caroline Desmarchais, quelles seraient les réactions normales de sa part, dans les circonstances ?
- Que pensez-vous de cette situation ?
- Avez-vous déjà vécu une situation de ce genre ?
- Si oui, qu'en avez-vous tiré comme leçon ? Qu'est-ce que ça vous a appris ?
- Comment cette situation peut-elle affecter le rendement de votre équipe et le climat de travail ?
- De quelles informations additionnelles aimeriez-vous disposer pour bien comprendre ce qui s'est passé ?
- Quel résultat souhaitez-vous obtenir ?
- Que pourriez-vous faire pour qu'une telle situation ne se reproduise pas ?

Le cas de Dynamo

Chez Progestion Technologies, la directrice du développement informatique, Marie Josèphe, doit s'assurer que le projet qu'on lui a confié, Dynamo, sera livré à l'intérieur du budget et de l'échéancier prévus. 10 personnes dans l'entreprise ont été affectées à ce projet, soit:

- 1 chargé de projet (Carlos Evida)
- 1 gestionnaire de bases de données
- 2 analystes experts (Yan Doray et Mark McCord)
- 1 analyste
- 3 programmeurs
- 1 responsable des tests et essais
- 1 rédacteur technique

Or, la livraison du projet est sérieusement menacée par un conflit de personnalités entre les deux analystes experts, Yan Doray et Mark McCord. Pendant les réunions, ils n'hésitent pas à se confronter, et à critiquer leurs conclusions et leurs recommandations respectives. Le chargé de projet Carlos Evida a même renoncé à obtenir leur collaboration pour analyser conjointement les aspects les plus complexes du projet.

Leur conflit crée un malaise important. Il est de plus en plus difficile pour certains membres de l'équipe de conserver une attitude neutre lorsque leur appui moral est sollicité par l'un ou l'autre des deux analystes experts. Deux clans sont en train de se créer au sein de cette équipe.

La directrice, madame Josèphe, est déçue et inquiète de la situation. Pour elle, il est clair

Supposons que vous êtes appelé à agir comme facilitateur dans le conflit opposant Marie Josèphe et Carlos Evida. En appliquant la séquence E-R-V-A, écrivez un scénario qui vous semble logique pour chacune des étapes.

Étape 1 : Écouter

Cette première étape de la séquence E-R-V-A correspond au concept d'ouverture à l'autre. Avec calme et neutralité, sans porter de jugement, vous allez entendre les propos de madame Josèphe.

En une quinzaine de lignes, écrivez ce que Marie Josèphe vous raconte au sujet de Carlos Evida. Que lui reproche-t-elle ? Notez aussi les questions que vous lui adressez pour bien comprendre son point de vue. Que vous répond-elle ?

Bref, bâtissez le scénario de votre rencontre avec Marie Josèphe.

Étape 2 : Réfléchir

Cette deuxième étape de la séquence E-R-V-A correspond au concept de recul ou détachement. Vous allez marquer un temps d'arrêt pour vous repositionner, suite à votre rencontre avec madame Josèphe.

Que pensez-vous des propos de Marie Josèphe ? Comment vous sentez-vous personnellement en rapport avec ce conflit ? Y a-t-il des éléments qui vous échappent ? Quelles informations additionnelles aimeriez-vous avoir pour bien comprendre ce qui se passe ? Avez-vous une bonne idée des enjeux entourant ce conflit ?

Décrivez votre réflexion en une quinzaine de lignes.

Étape 3 : Valider

Cette troisième étape de la séquence E-R-V-A correspond au concept d'objectivité. En tant que facilitateur, vous avez la responsabilité d'essayer de comprendre le point de vue des deux opposants. Pour ça, il est nécessaire que vous entendiez aussi Carlos Evida.

De la même façon que vous l'aviez fait avec Marie Josèphe, vous allez recueillir les propos de Carlos Evida avec calme et neutralité, sans porter de jugement. Les informations que vous détenez déjà vous permettront de poser quelques questions utiles pour alimenter votre propre analyse de la situation.

En une quinzaine de lignes, écrivez ce que Carlos Evida vous raconte. Que pense-t-il du projet, de son rôle, des 2 analystes experts, des autres membres de l'équipe, de madame Josèphe ? Notez aussi les questions que vous lui adressez pour bien comprendre la situation. Que vous répond-il ?

Bref, bâtissez le scénario de votre rencontre avec Carlos Evida.

Étape 4 : Agir

Cette quatrième étape de la séquence E-R-V-A correspond au concept d'orientation. En bon conseiller, vous allez maintenant présenter votre propre analyse de la situation, à la lumière des informations que vous avez recueillies et des enjeux que vous avez pu discerner autour de ce conflit.

En une quinzaine de lignes, décrivez ce que vous recommandez pour la suite des choses. Quel est votre objectif ? Quel niveau de collaboration pouvez-vous exiger ? Comment vous y prendrez-vous ? Rencontrerez-vous les opposants à tour de rôle ou ensemble ?

Bref, indiquez la façon dont vous assumez votre rôle de facilitateur dans le conflit qui oppose Marie Josèphe à Carlos Evida.

que le chargé de projet Carlos Evida n'a pas le leadership qu'il faut pour assurer le succès du projet. Elle vous confie qu'elle a l'intention de «remercier» le chargé de projet et de le remplacer par quelqu'un d'autre.

Vous assistez, semble-t-il, à la naissance d'un conflit entre Marie Josèphe et son chargé de projet.

Madame Josèphe vous confie aussi qu'elle a l'intention de promouvoir l'un des deux analystes experts au poste de chargé de projet. «De cette façon, vous explique-t-elle, Yan Doray et Mark McCord ne seront plus sur un pied d'égalité dans le projet. Ils sont aussi compétents l'un que l'autre, c'est ça qui crée le malaise entre eux. C'est comme une guerre de pouvoir entre deux officiers de même grade. Yan Doray sera le nouveau chargé de projet. Ce qui est bien, c'est que l'équipe continuera à bénéficier de son expertise d'analyste-expert.»

 ## Activité de groupe : le cas de Dynamo

En tant que gestionnaire, vous pouvez utiliser le cas de Dynamo pour encourager une discussion ouverte avec vos employés sur le thème de la gestion des conflits. Cette activité permettra à chacun de se sensibiliser aux enjeux individuels et collectifs lors d'un conflit et d'être mieux outillé pour intervenir comme facilitateur à un moment ou à un autre, lorsqu'un conflit est imminent dans l'environnement de travail. Cette activité de groupe vous apportera les avantages suivants :

- Vos employés seront davantage sensibilisés à la dynamique des conflits en milieu de travail ;
- Ils émettront quelques idées très valables pour faciliter la résolution des conflits à l'avenir ;
- Certains employés apporteront des exemples concrets de situations conflictuelles qu'ils ont vécues ;
- Vos employés proposeront quelques améliorations pour maintenir un sain climat de travail.

Réunissez vos employés et distribuez-leur le cas de Dynamo ainsi que le tableau des trois sources de conflit (page 92). Puis posez-leur les questions suivantes :

1. Que pensez-vous du raisonnement de madame Josèphe ?
2. D'après vous, quel sentiment d'injustice est à la source de l'inconfort de madame Josèphe envers Carlos Evida ? (A, B ou C)
3. En lien avec le sentiment d'injustice que vous avez identifié, quelles réactions normales pouvez-vous anticiper de la part de madame Josèphe envers Carlos Evida ?
4. D'après vous, la solution envisagée par madame Josèphe permettra-t-elle de résoudre le conflit entre Yan Doray et Mark McCord ? Pourquoi ?
5. Croyez-vous que le nouveau chargé de projet Yan Doray bénéficiera de l'appui et de la collaboration de Mark McCord ? Pourquoi ?
6. D'après vous, quel sentiment d'injustice sera à la source de l'inconfort de l'analyste expert Mark McCord envers le nouveau chargé de projet Yan Doray ? (A, B ou C)
7. En lien avec le(s) sentiment(s) d'injustice que vous avez identifié(s), quelles réactions normales pouvez-vous anticiper de la part de Mark McCord envers Yan Doray ?
8. D'après vous, la solution envisagée par madame Josèphe permettra-t-elle de réduire les tensions dans l'équipe ? Pourquoi ?

DES MOTS-CLÉS À RETENIR EN GESTION DES CONFLITS

Q comme dans QUESTIONNER : assurez-vous de faire une bonne collecte d'informations.

R comme dans RECUL : cultivez votre calme en vous dégageant de toute charge émotive liée au conflit.

R comme dans RECENTRER : évitez l'éparpillement et la confusion. Concentrez-vous sur ce qui est vraiment important.

R comme dans RESPONSABILISER : favorisez l'autonomie et l'initiative de vos employés en matière de résolution de conflits. Sollicitez leurs suggestions.

C comme dans CONTRIBUTION : exigez la collaboration de chacun pour le maintien d'un sain environnement de travail.

B comme dans BIEN COMMUN : faites passer les intérêts de l'équipe avant les intérêts individuels.

J'OBSERVE MA PROPRE ATTITUDE...

Je réfléchis à un moment difficile que j'ai vécu au travail, en relation avec un collègue ou un patron. Qu'est-ce que j'ai trouvé difficile au juste ? Quel était le sentiment d'injustice à la source de mon inconfort ? Quelles ont été mes réactions en lien avec ce sentiment d'injustice ? Cette situation aurait-elle pu être évitée ? Si je pouvais revenir en arrière, quelle attitude adopterais-je ? Comment la tension entre nous at-elle fini par se dissiper ? Si je pouvais revenir en arrière, quelle attitude adopterais-je ? Je me sers d'une expérience que

j'ai vécue personnellement pour améliorer mon approche lorsque je devrai intervenir dans un conflit au sein de mon groupe.

JE DOIS ME RAPPELER QUE...

... la meilleure façon de prévenir les conflits, c'est de les voir venir. Je m'attarde aujourd'hui à observer les rapports interpersonnels des gens dans mon groupe. Qui semble avoir la cote de popularité ? Qui semble être laissé de côté ? Qui prend toute la place dans les réunions ? Vers qui les employés vont-ils spontanément quand ils ont besoin de conseils techniques ? Je regarde « vivre » mon groupe et je prends conscience, tout simplement, de la place que chacun occupe au sein du groupe. J'ouvre mon esprit aux vulnérabilités et aux forces en présence autour de moi.

LES PIÈGES À ÉVITER

✓ Tenir l'une des parties dans l'ignorance du conflit émergent ;
✓ Réagir impulsivement ;
✓ S'appuyer sur des informations non vérifiées ;
✓ Oublier qu'il y a toujours deux côtés à une médaille, deux versions des faits ;
✓ Prendre des mesures sans établir son cadre d'analyse et de référence.

LES PRATIQUES GAGNANTES

✓ Penser à l'intérêt du groupe d'abord ;
✓ Favoriser le dialogue entre les gens à la naissance d'un conflit ;
✓ S'appuyer seulement sur les informations véridiques, complètes et pertinentes ;

- ✓ Conserver son calme pour mieux réfléchir ;
- ✓ Identifier le sentiment d'injustice qui est à la source de l'inconfort.

JE POURRAI DIRE « MISSION ACCOMPLIE » LORSQUE...

... je ne craindrai plus que des tensions surgissent entre certains de mes employés. Je serai à l'aise d'intervenir avec calme et fermeté pour le bien commun, mais aussi dans le respect des différences individuelles. J'assumerai le rôle d'un leader qui favorise l'harmonie dans les troupes.

LE COURRIER DU LECTEUR

On entend régulièrement parler des difficultés de cohabitation entre les jeunes de la génération Y et les Baby Boomers. En tant que futur cadre, ça m'effraie beaucoup. Comment devrais-je aborder ça ?

Premièrement, je pense qu'on a tort de généraliser et de croire que tous les jeunes de la génération Y, ainsi que tous les Baby Boomers réagissent de la même façon au travail. Dans toutes les catégories d'âge, il y a des individus qui se démarquent, tant positivement que négativement. Dans les entreprises, c'est la même chose. Il faut être prudent et ne pas généraliser.

Ceci étant dit, on observe que de nombreux jeunes de la génération Y ont une intelligence émotionnelle très développée. Ils ont une grande sensibilité aux autres et ils sont capables de faire preuve d'empathie. Ils possèdent de belles valeurs humaines comme l'ouverture d'esprit, le sens de l'écoute et du partage, le sens de l'honneur. Malheureusement, nos entreprises ne valorisent pas encore beaucoup

ces qualités. Nous sommes très axés sur les résultats économiques, quantifiables, mesurables, ce qui ne laisse pas beaucoup de place pour l'expression des valeurs humaines. Et pourtant, la tendance actuelle en gestion indique bien que c'est vers ça qu'on se dirige, avec des concepts comme la reconnaissance non-monétaire, les activités de consolidation d'équipe, etc. Il y a donc un certain gaspillage de ce que ces nombreux jeunes peuvent nous apporter comme contribution. Ils ont beaucoup plus à offrir que ce qu'on utilise d'eux.

D'autre part, il y a aussi de nombreux jeunes de la génération Y qui n'ont pas développé le sens des priorités, de l'effort, de la discipline personnelle. Ils vivent dans l'immédiat, sans essayer d'organiser ou de planifier la suite des choses. Ils ne semblent pas avoir une vision globale des enjeux qui les concernent. Ces personnes dégagent peu de dynamisme et elles peuvent même ralentir une équipe de travail par leurs difficultés à adopter le rythme des autres. Je considère qu'un gestionnaire a le droit d'être exigeant là-dessus, peu importe l'âge de l'employé. Il ne s'agit donc pas d'excuser la génération Y et de chercher à l'accommoder, mais plutôt de maintenir nos standards ; ce que nous croyons être une saine contribution à une équipe de travail.

Il nous faut désormais être beaucoup plus précis dans nos pratiques de sélection du personnel. Il nous faut mieux définir nos besoins, et conséquemment, rencontrer plus de candidats que par le passé pour trouver la bonne personne. Il faut éviter de penser : « Ah, ces jeunes, ils sont tous pareils. On n'a pas le choix. » Je ne suis pas d'accord avec ce mode de pensée. Les gestionnaires doivent faire le nécessaire afin de recruter ceux qui correspondent réellement à leurs besoins, et à leur contexte de travail. Dans toutes les générations, il y a des gens qui ont de l'envergure et d'autres qui en ont moins. Ne vous contentez pas de peu, ni d'à peu près.

Que faire avec les employés qui s'en remettent continuellement à leur patron pour intervenir dans des conflits qui pourraient très bien se régler entre collègues ?

Lorsqu'un employé entre dans le bureau de son patron pour se plaindre d'un collègue, la première question à lui poser est : « En as-tu discuté avec ton collègue ? ».

Prenez, par exemple, une situation où vous vous adresseriez à votre conseiller en ressources humaines pour lui faire part du fait qu'un de vos employés a un rendement insatisfaisant. Le conseiller va rapidement vous demander si l'employé est au courant de ce que vous lui reprochez. Si vous n'avez pas pris la peine d'en informer votre employé, alors le conseiller va vous recommander de le faire, pour que l'employé prenne conscience de la situation et qu'il ait la possibilité d'améliorer son rendement. La personne dont on se plaint a le droit de savoir qu'elle est une cause d'insatisfaction. C'est un élément de base en résolution de conflit.

Il s'agit donc de favoriser une relation directe entre les gens plutôt que de recourir tout de suite à un intermédiaire. On développe l'autonomie du plaignant en l'encourageant au dialogue avec son « adversaire ». Avez-vous essayé d'en parler avec lui ? Quelle approche avez-vous utilisée ? Est-ce que vous avez cherché un terrain d'entente entre vous deux ? L'idée n'est pas de fermer la porte à l'employé, mais plutôt de l'impliquer activement dans la résolution du conflit.

Après avoir bien écouté l'employé, on fait appel à son sens de l'initiative en lui posant la question cruciale : « Qu'est-ce que tu suggères ? » Il faut le mettre à contribution si on veut faire évoluer la situation et sortir du statu quo. Souvent, les employés ont du mal à répondre à cette question parce qu'ils ont pris la mauvaise habitude de se plaindre ou de revendiquer plutôt que de proposer des améliorations. C'est plus facile de dénoncer une situation que d'imaginer ce qui pourrait être fait pour que les choses aillent mieux.

Le gestionnaire a tout intérêt à encourager cette approche constructive chez ses employés. Le message à faire passer, c'est : « Avant de venir à moi, commencez par essayer de régler les tensions qu'il y a entre vous. Ensuite, vous pourrez venir me voir, mais sachez que je vous poserai la question : Qu'est-ce que vous suggérez ? »

C'est seulement ensuite que le gestionnaire interviendra, en évaluant la pertinence de la suggestion. Mais dans un premier temps il faut que les employés soient mis à contribution.

Deux de mes employés se détestent au point où il n'y a plus aucun moyen d'atténuer le conflit entre eux. J'ai essayé différentes approches, mais je ne sais plus quoi faire. Que me recommandez-vous ?

Des conflits aussi profonds sont rares en milieu de travail, mais malheureusement ça peut arriver et on doit alors en subir les contrecoups. Il y a effectivement des employés qui, entre eux, ne pourront jamais se côtoyer de façon harmonieuse. On voit ça surtout dans des cas où l'une des deux personnes a vécu, à un moment donné, un sentiment d'injustice très fort ; ce qui a donné naissance à une méfiance extrême face à l'autre. De fil en aiguille, des événements sont venus renforcer les perceptions et, avec le temps, c'est un inconfort généralisé qui s'est installé entre eux. C'est devenu un conflit de fond. Ce n'est donc pas en forçant le dialogue entre eux qu'on mettra fin au conflit.

D'ailleurs, lorsqu'on oblige les employés à se faire face pour expliquer leur version du conflit, la partie est souvent inégale ; l'un des deux est peut-être plus frondeur, ou s'exprime avec plus de facilité, ou encore est plus en contrôle de ses émotions. Il y a aussi des employés qui sont habiles à jouer le rôle de la victime quand en réalité, c'est tout à fait l'inverse.

Lorsqu'un conflit est aussi avancé, il est inutile d'espérer que vous puissiez amener vos employés à se serrer la main pour faire la paix. S'ils le font, ce sera pour vous faire plaisir mais, entre eux, ce ne sera que de la frime. Le mieux que vous puissiez espérer, c'est que leur conflit pourra être canalisé de façon à nuire le moins possible à votre équipe.

Car un conflit aussi lourd affecte durement le climat de travail. C'est très dommageable pour toute l'équipe. Mais le bien commun doit malgré tout l'emporter sur les enjeux individuels. Vous avez le devoir d'exiger de vos deux employés que leur conflit ne nuise pas à la qualité du travail, ni au rendement de l'équipe. Par conséquent, les deux employés devront mettre leur orgueil de côté, puisque vous ne tolérerez pas que la mauvaise relation entre eux contamine toute votre équipe. Vous exigez ça pour le bien du groupe.

Pour alléger votre charge, je vous recommande d'investir dans les services d'un coach professionnel. Le coaching individuel servira d'exutoire à chacun des adversaires pour se défouler et critiquer l'attitude de l'autre en toute confidentialité. Par son habileté à dédramatiser les événements et à préconiser une vision plus constructive, le coach n'éliminera pas le conflit, mais il orientera l'un et l'autre vers un terrain moins hostile. Il les ramènera toujours à l'objectif : le bien du groupe d'abord.

Chacune des rencontres avec le coach aura pour effet de calmer les esprits pendant quelques semaines, en procurant aux protagonistes des moments pour s'exprimer. Mais en dehors de ces rencontres, priorité au travail ! La tension entre les employés est donc canalisée vers les rencontres avec le coach. Elle ne s'exprime plus partout et en tout temps.

Dans un conflit, je crois que le temps peut suffire pour arranger les choses. Alors, je suis portée à ne pas intervenir et à laisser le temps faire son œuvre. Quelle est votre opinion à ce sujet ?

Vous avez raison de penser que le temps fait parfois bien les choses. Avec le temps qui passe, il peut se produire une évolution des circonstances qui fera en sorte que le conflit perdra sa raison d'être ou un peu de son importance. Mais il est possible aussi que, à l'inverse, cette évolution vienne plutôt aggraver le conflit. Le mode laisser-faire est donc très risqué. Il est beaucoup plus facile de résoudre un conflit naissant qu'un conflit qui dure et se détériore depuis un moment.

Lorsqu'une situation conflictuelle affecte une équipe de travail et que le patron choisit de ne pas intervenir, un sentiment d'injustice s'installe à l'intérieur de toute l'équipe ; et la crédibilité du gestionnaire en est sérieusement affectée. Éventuellement, les employés vont mettre suffisamment de pression sur le gestionnaire pour qu'il prenne la situation en mains. Ça va se faire sentir par de l'opposition dans les réunions, des critiques de plus en plus fréquentes à son endroit, ou par une dénonciation auprès des supérieurs hiérarchiques. Une certaine gronde va se faire sentir.

Si vous choisissez délibérément de ne pas intervenir dans les situations conflictuelles qui affectent votre équipe, vous allez éventuellement sentir que votre autorité, votre impact et votre image au sein de votre équipe se détériorent. Vous serez affaibli comme gestionnaire. Je crois donc qu'il est préférable que vous ne vous en remettiez pas au temps pour la résolution des conflits dans votre équipe.

Comment faire pour instaurer une culture d'entreprise qui favorise la résolution des conflits ?

Les dirigeants doivent développer une attitude qui démontre que les conflits ne sont pas pris à la légère et que les conflits durables ne seront pas tolérés parce que ça nuirait à la qualité de l'environnement de travail. Il faut transmettre un message clair sur ce point : on attend de chaque personne qu'elle fasse preuve de bonne volonté, qu'elle favorise le règlement des conflits par le compromis, le consensus, l'ouverture d'esprit et le dialogue. Le bien commun doit prévaloir sur les enjeux individuels.

BLOC NOTES

Inscrivez les idées ou réflexions qui vous sont venues à l'esprit en lisant ce chapitre. Utilisez ensuite ces notes personnelles comme aide-mémoire pour la gestion des conflits dans votre équipe.

_____

_____

_____

_____

_____

_____

Chapitre 6

LES **EMPLOYÉS PROBLÈMES**

Dans votre travail de gestionnaire, vous serez régulièrement déstabilisé par la façon dont se comportent certains de vos employés. Vous serez tiraillé entre le sentiment que vous devez intervenir et le sentiment que vous n'avez pas envie d'intervenir.

Un employé problème, c'est un employé qui, par sa seule présence, crée des tensions importantes dans votre équipe. Vous croyez que s'il n'était pas là, tout serait plus facile au quotidien.

Karl est une personne expressive, directive et très charismatique. Il a une facilité déconcertante à faire valoir son point de vue et il n'hésite pas à revendiquer des droits et des privilèges. Dans votre équipe, il prend beaucoup de place. Il divise l'opinion. Il y a ceux qui s'en tiennent loin et qui le craignent et il y a ceux qui admirent sa puissance et son apparente confiance en soi. Et vous, ce que vous craignez par-dessus tout c'est qu'il remette en question vos décisions, devant tout le monde lors d'une réunion, par exemple. En fait, vous avez peur de lui.

Stéphanie arrive très souvent en retard le matin. Ce ne sont pas de gros retards, 15 ou 20 minutes. Et elle a une excellente raison : elle fait garder ses trois enfants à la maison et elle ne peut évidemment pas quitter ses enfants, avant que la gardienne soit arrivée. C'est la gardienne qui est souvent en retard. Pour Stéphanie, une personne fiable et compétente, pas question d'être moins productive que les autres : elle quittera donc le bureau 15 ou 20 minutes plus tard. Mais la règle est pourtant claire dans l'entreprise : la journée de travail doit débuter à 9 h 00 pour tous.

Michelle est la première femme à accéder à l'un de ces postes traditionnellement occupés par des hommes. Elle vous a été recommandée par le Service des ressources humaines. Vous craignez cependant les réactions et les sarcasmes de vos employés à son endroit, ainsi que la pression qu'ils vous feront subir pour ne pas travailler avec elle. Pourtant, votre équipe fonctionnait de façon harmonieuse, jusque-là. Vous vous sentez coincé.

Chacun de ces cas peut être généralisé à d'autres cas : l'employé qui boude dès que quelque chose ne va pas à son goût ; l'employé qui dénigre tout ; qui ne voit que le côté négatif et qui ne se gêne pas pour le souligner ; l'employé qui trouve toujours une raison pour justifier ses erreurs ou son improductivité et qui blâme le système ; ou encore l'employé tellement sympathique mais qui est si peu dégourdi au travail.

En tant que gestionnaire, il est de votre devoir de vous positionner face à chacune de ces situations. Est-ce acceptable à vos yeux ? Est-ce inacceptable ? Qu'en pensez-vous ? Tant que vous êtes incertain, ambivalent ou confus face à cette situation, vous permettez à chacun de vos employés d'appliquer son propre jugement de valeur et la dynamique de travail s'en trouve durement affectée. Vous devez indiquer l'orientation à suivre.

Bien sûr, il est parfois difficile d'agir. Il y a le syndicat, les contraintes budgétaires, la difficulté de recruter du nouveau personnel, la peur d'engendrer d'autres situations problématiques, etc. Le gestionnaire a l'impression qu'il doit constamment peser le pour et le contre, évaluer les enjeux, faire preuve de psychologie pour comprendre l'un et l'autre, pour concilier les besoins de tout le monde. Dur, dur d'être patron ! D'ailleurs, combien de patrons préfèrent nier les tensions dans leur équipe plutôt que de faire face à ces responsabilités ! Ils n'interviennent pas. Ils croient que le temps seul suffira à arranger les choses. C'est parfois vrai, mais c'est le plus souvent faux. Les situations peuvent se détériorer rapidement quand rien n'est fait pour gérer ces situations.

Vous ne pouvez pas être un bon « gestionnaire » si vous fuyez les problèmes de « gestion » du personnel. C'est votre responsabilité première ! Vous devez réussir à tirer le meilleur parti de cette équipe qui vous a été confiée. Essayez ! Apprenez de vos erreurs et réessayez ! Préoccupez-vous de vos employés problèmes. Ils sont déterminants dans le processus de perfectionnement d'un bon gestionnaire.

LA BALANCE DES CONSÉQUENCES

Face à une situation problématique, nous prenons habituellement le temps d'analyser les différentes options qui s'offrent à nous avant de prendre une quelconque décision.

Cependant, dans le cas des employés problèmes, les gestionnaires ont souvent plus de difficulté à procéder au type d'analyse approprié ; ils sont paralysés dans leur réflexion parce que les enjeux leur semblent difficiles à évaluer. Ils se sentent en terrain inconnu. Ils savent qu'ils doivent agir auprès de l'employé problème, mais ils craignent de devoir s'engager dans un long et pénible processus disciplinaire, si l'employé ne collabore pas de manière simple et rapide. Sauf que, ce sont des moments où les décisions doivent être prises sans tarder.

Les deux tableaux qui suivent, ont été développés pour vous aider à déterminer votre seuil de tolérance face aux employés problèmes. Il s'agit d'une démarche d'analyse où l'on pèse le pour et le contre de deux options extrêmes, soit le congédiement et l'inaction (le statu quo).

1. Dans la première option, la prise de décision est orientée vers le congédiement de l'employé problème. Vous faites en sorte que l'employé ne travaille plus dans l'entreprise.

2. Dans la deuxième option, la prise de décision est orientée vers le statu quo. Vous ne faites absolument rien pour améliorer la situation entourant l'employé problème. Vous ne prenez aucune décision.

Dans la grande majorité des cas, la meilleure option se situe évidemment entre les deux. Un processus ponctué de rencontres avec l'employé, de discussions et de suivis en est un bon exemple. Grâce à l'exercice suivant axé sur les conséquences, vous connaîtrez les facteurs de risque qui correspondent à votre situation. Ça vous aidera à définir l'option la plus adéquate dans votre cas, et à élaborer ensuite un plan d'intervention comportant le minimum de risques.

Cet exercice, visant à comparer le poids des conséquences, stimulera votre réflexion. Il vous aidera à éclaircir la problématique entourant vos employés problèmes et à définir les interventions les plus appropriées pour cette situation.

Tous les risques que vous avez identifiés (congédiement et statu quo) devront être pris en considération au moment

d'élaborer un plan d'intervention visant à améliorer la situation ou à résoudre la problématique entourant cet employé problème. Vous avez tout intérêt à diminuer le niveau de risque!

Reprenez ensuite cet exercice pour vos autres cas problèmes, s'il y en a. Vous constaterez que les risques auxquels vous êtes exposés sont différents d'un cas problème à l'autre.

N'hésitez pas à faire de nouveau l'évaluation et la comparaison des conséquences au fur et à mesure que la situation évolue, pour adapter vos interventions en fonction de ces observations.

 ## Les risques liés au congédiement

Faites l'exercice en regard d'un seul employé problème à la fois. Lisez attentivement chacun des éléments de la liste « Congédiement » et indiquez par vrai ou faux ce qui arriverait d'après vous si vous décidiez de congédier cet employé sans plus tarder. Le prénom Servo est utilisé pour personnifier chacun de vos employés problèmes.

NOM DE L'EMPLOYÉ : SERVO   DATE :

RISQUES LIÉS AU CONGÉDIEMENT	VRAI	FAUX
Si je congédie SERVO sans plus attendre, mon équipe sera temporairement désorganisée sur le plan de l'expertise technique.	☐	☐
Mon équipe sera affaiblie pendant longtemps sur le plan de l'expertise technique.	☐	☐
L'absence de SERVO occasionnera un retard important dans certains projets ou dossiers critiques.	☐	☐
Il faudra modifier l'organisation et la distribution du travail pendant un certain temps.	☐	☐
Il n'y a aucune relève formée pour occuper dès maintenant les responsabilités de SERVO.	☐	☐
Avec un membre en moins, l'équipe ne suffira pas à la demande.	☐	☐
Le poste de SERVO ne pourra pas être comblé rapidement.	☐	☐
Le départ de SERVO pourrait inciter certains employés à quitter l'entreprise.	☐	☐
L'atmosphère de travail va demeurer tendue malgré son départ.	☐	☐
Les membres de l'équipe apprécieront qu'il ne soit plus là.	☐	☐
Le congédiement de SERVO va créer des conflits ou des tensions importantes entre certains employés.	☐	☐

	Vrai	Faux
SERVO acceptera difficilement notre décision.	☐	☐
Notre décision pourrait nous exposer à des recours légaux de la part de SERVO.	☐	☐
Plusieurs personnes croiront que nous avons été injustes envers SERVO.	☐	☐
Je ne réembaucherais pas SERVO, même s'il changeait.	☐	☐
Le départ de SERVO entraînera de l'incompréhension dans l'entreprise, à l'extérieur du département.	☐	☐
Le départ de SERVO aura des conséquences négatives pour les usagers ou pour la clientèle.	☐	☐
SERVO bénéficie de l'appui et de la considération de gens très influents à l'interne ou à l'externe.	☐	☐

Une fois cet exercice complété, attardez-vous à chacun des éléments pour lesquels vous avez coché Vrai. Ce sont les risques imminents auxquels vous vous exposez si vous procédez au congédiement de l'employé problème sans plus attendre.

Demandez-vous maintenant si vous êtes prêt à assumer le type de risques qui est lié au congédiement de votre employé. Y a-t-il des aspects où vous devriez être très prudent?

Les risques liés au statu quo

Dans un deuxième temps, lisez attentivement chacun des éléments de la liste Statu quo et indiquez par vrai ou faux ce qui arriverait d'après vous si vous décidiez de ne poser aucun geste dont l'objectif serait de résoudre la problématique entourant votre employé.

Risques liés au statu quo	Vrai	Faux
Les plaintes concernant SERVO vont continuer.	☐	☐
Je risque de perdre des clients, des usagers ou des contrats.	☐	☐
Certains employés voudront peut-être quitter le département pour aller travailler ailleurs.	☐	☐
Certains employés s'absenteront peut-être pour maladie ou burn-out.	☐	☐
Le risque de conflits entre SERVO et d'autres employés s'amplifiera.	☐	☐
Certains employés manifesteront leur insatisfaction ou leur frustration devant l'inaction.	☐	☐
Il y a un risque que des employés demandent l'intervention du supérieur hiérarchique ou d'autres personnes influentes à l'interne ou à l'externe.	☐	☐
J'expose mon département ou l'entreprise à des risques de criminalité (vandalisme, vol, fraude, taxage, drogue, armes, etc.).	☐	☐
Mon équipe croira que je considère que le comportement de SERVO est acceptable.	☐	☐
SERVO croira que je m'accommode de son comportement.	☐	☐
SERVO peut avoir une influence négative sur le comportement de certains autres employés.	☐	☐

	Vᴏᴀɪ	Fᴀᴜx
Le comportement de SERVO peut s'aggraver sans que je ne m'en rende compte rapidement.	☐	☐
SERVO pourrait récupérer à son avantage certaines situations.	☐	☐
Je m'expose à des revendications ou des griefs de la part de SERVO.	☐	☐
Le sentiment de crainte ou de peur de certains employés pourrait augmenter en la présence de SERVO.	☐	☐
Je vais éprouver un inconfort dans mes relations avec mon équipe.	☐	☐
Je serai très prudent dans mes décisions de gestion au quotidien ; je devrai gérer avec retenue.	☐	☐
Ma crédibilité comme gestionnaire en sera affectée auprès de mon équipe.	☐	☐
Le climat de travail se détériorera.	☐	☐
Ma relation avec SERVO se détériorera.		
Je vais trouver que les problèmes avec SERVO monopolisent trop de mon temps.	☐	☐
Je me ferai souvent la réflexion que je serais bien si SERVO n'était plus dans mon équipe.	☐	☐
Des clans vont se former dans mon équipe.	☐	☐
Il y aura de la tension lors des réunions.	☐	☐
Le rendement ou le comportement de certains employés continuera d'être affecté par la présence de SERVO.	☐	☐
La synergie et la collaboration entre certains employés et SERVO continueront d'être boiteuses.	☐	☐

Une fois cet exercice complété, attardez-vous à chacun des éléments pour lesquels vous avez coché Vrai. Ce sont les facteurs de risques imminents auxquels vous vous exposez si vous ne posez aucun geste significatif.

Demandez-vous maintenant si vous êtes prêt à prendre le type de risques qui est lié au statu quo. Y a-t-il des aspects plus dommageables que d'autres ?

 Je fais un exercice en gestion d'employés problèmes

Prenez quelques minutes pour répondre aux questions suivantes en rapport avec votre équipe :

- Dans mon unité de travail, quels sont les deux employés problèmes qui me préoccupent le plus, en ce moment ?
- Qu'est-ce qui m'inquiète dans leur comportement ?
- D'où provient mon sentiment d'injustice, quelle est la source de mon inconfort (page 92) ?
- D'après moi, est-ce que leur comportement laisserait d'autres gestionnaires indifférents ? Pourquoi ?
- Si ces employés n'étaient plus là, quels en seraient les effets négatifs sur mon unité de travail ?
- Comment est-ce que je pourrais aider chacun de ces employés à se faire apprécier davantage dans mon unité de travail ?

DES MOTS-CLÉS À RETENIR EN GESTION D'EMPLOYÉS PROBLÈMES

C comme dans COMMUNICATION : favorisez le dialogue entre vos employés.

C comme dans COLLABORATION : ne gérez pas en vase clos. Impliquez vos employés dans le processus décisionnel.

S comme dans SOUPLESSE : ayez l'esprit ouvert ; ne soyez pas rigide dans votre approche.

C comme dans CONTRIBUTION : expliquez à votre employé problème ce que vous attendez de lui.

C comme dans COURTOISIE : ne brusquez pas votre employé problème, parlez-lui correctement et avec respect

T comme dans TOLÉRANCE : réévaluez régulièrement les enjeux de la situation problème.

Le cas de Mahée Durivage

Voici le cas d'un petit groupe d'étudiants universitaires qui doivent mettre en commun leurs efforts, dans le cadre d'un travail de session, pour leur cours de commerce international. C'est en vous rendant à la cafétéria de l'université que vous avez croisé Mahée Durivage, une bonne amie à vous. Elle était très contrariée. Elle vous a confié ce qui suit :

« *Mes coéquipiers et moi avions rendez-vous pour le projet, vendredi midi. Tout le monde est venu, sauf Carl. C'est la deuxième fois qu'il est absent lors de nos rencontres. Dominic, lui, est souvent absent mais je ne lui en veux pas ; il occupe un emploi très exigeant et en plus, il doit s'occuper seul de ses 3 enfants.*

Quant à Duc Vanh et moi, nous avons été présents à toutes les rencontres d'équipe depuis le début de la session. À cause de notre assiduité et de notre implication soutenue, nous sommes devenus en quelque sorte les leaders de l'équipe et nous avons pris l'habitude de prendre la plupart des décisions. Jusqu'ici, ça n'avait pas posé de problèmes et tout le monde se ralliait à nos décisions.

Mais voilà que Dominic est venu tout gâcher avant-hier, quand il a reproché ouvertement à Carl Maheu d'avoir été absent à la dernière réunion. Il lui a dit : « On avait des décisions importantes à prendre et tu aurais dû être là, toi aussi. » Alors, Carl a paru blessé et il a réagi de façon très prompte, en disant que « de toute façon, je ne suis habituellement pas d'accord avec les décisions qui sont prises. »

Je n'ai pas aimé qu'il dise ça et je sais que Duc s'est senti visé lui aussi. Puis Dominic en a rajouté en disant que les prochaines fois, on ferait mieux de collaborer tous ensemble, surtout en regard des prises de décision. Alors, Carl a répondu : « Je suis d'accord avec toi. Oublions cet incident et mettons-nous au travail. On a assez perdu de temps. »

Je ne comprends pas ce qui s'est passé. Notre dynamique de groupe a complètement changé. En tout cas, personnellement, je n'ai plus du tout envie d'assumer le leadership dans ces circonstances, ni même d'assister à toutes les rencontres. C'est probablement la même chose pour Duc Vanh. »

En tant que gestionnaire, vous pouvez utiliser le cas de Mahée Durivage pour encourager une discussion ouverte avec vos employés et leur permettre de se sensibiliser au contexte des autres. Cela facilitera les communications en dépit des difficultés et des différences de tempérament de chacun.

L'activité de groupe qui suit vous apportera les avantages suivants :

- Vos employés seront davantage sensibilisés à la dynamique des relations interpersonnelles dans leur milieu de travail ;
- Ils émettront quelques idées pour faciliter la communication dans le groupe ;
- Ils apprendront à mieux se connaître entre eux ;
- Certains employés donneront des explications quant à leur attitude au travail ;
- Vous constaterez une plus grande tolérance et une plus grande ouverture d'esprit entre vos employés.

J'OBSERVE MA PROPRE ATTITUDE...

Quand un de mes employés vient à moi pour se plaindre de l'attitude ou du rendement d'un autre de mes employés, comment est-ce que je réagis ? Est-ce que je reçois ça comme un problème de plus dans ma journée ? Ou est-ce que je reçois ça comme une indication précieuse ; qu'il existe un malaise dans mon unité de travail ? Est-ce que j'y vois une opportunité d'améliorer le fonctionnement de mon équipe ?

JE DOIS ME RAPPELER QUE...

... mon rôle comme gestionnaire est d'optimiser le rendement de mon équipe. Pour ça, il est nécessaire que j'essaie d'obtenir le meilleur de chacun de mes employés. Je dois les traiter tous avec respect et courtoisie, en dépit des problèmes que certains m'occasionnent.

LES PIÈGES À ÉVITER

✓ Nier les tensions qui existent dans l'équipe ;
✓ Ne pas informer l'employé que quelque chose ne va pas ;
✓ Croire que le temps seul suffira à arranger les choses ;
✓ Ne pas faire de suivi après une intervention ;
✓ Se replier sur soi, s'isoler.

LES PRATIQUES GAGNANTES

✓ Compléter l'exercice sur la comparaison des conséquences avant d'établir un plan d'intervention ;
✓ Enrichir notre propre point de vue au contact de celui des autres ;
✓ Mettre les employés à contribution dans la recherche de solutions ;

 Activité de groupe : le cas de Mahée Durivage

Réunissez vos employés, distribuez-leur le cas de Mahée Durivage et posez-leur les questions suivantes :

- Que pensez-vous de la réaction de Mahée Durivage ?
- Trouvez une qualité à chacun des personnages du cas.
- Quelle part de responsabilité pouvez-vous attribuer à chacun des personnages dans ce cas ? Quel reproche pouvez-vous faire à chacun ?
- Que leur conseilleriez-vous pour le prochain travail en équipe qu'ils auront à faire ensemble ?
- Que leur recommanderiez-vous pour qu'ils puissent terminer leur travail actuel ?

- ✓ Garder des notes après chaque rencontre de mise au point (Mémo de rencontre) ;
- ✓ Gérer avec naturel et spontanéité.

JE POURRAI DIRE « MISSION ACCOMPLIE » LORSQUE...

... je serai capable d'être à la fois spontané et courtois dans mes rapports avec tous mes employés. Dès que quelque chose me déplaira, je serai capable de l'exprimer sur-le-champ, sans brusquerie. Aussi, dès que quelque chose me plaira, je saurai exprimer mon contentement immédiatement. Je gérerai les situations avec naturel, au fur et à mesure qu'elles se présenteront.

LE COURRIER DU LECTEUR

Qu'entend-on par « employé problème » ?

Un employé est qualifié d'employé problème quand son mode de fonctionnement diffère de celui des autres d'une façon qui affecte négativement le rendement de l'équipe. Il en résulte une dynamique de groupe boiteuse et la situation vous cause du souci. C'est ça, un employé problème. Quand on parle d'employé problème, on fait référence surtout au comportement, à l'attitude de la personne, pas à sa compétence technique.

C'est toujours par rapport à un groupe précis qu'une personne se démarque, positivement ou négativement. Alors, si on modifie le groupe de référence, la personne ne se démarquera plus nécessairement. Autrement dit, la personne ne serait peut-être pas un employé problème si elle évoluait dans un environnement différent.

Globalement, on peut dégager quatre grandes catégories d'employés problèmes :

1. Il y a l'employé qui dégage une énergie négative, qui mine l'enthousiasme dans un groupe, qui critique tout le temps ; il exprime continuellement de la frustration.

2. Il y a aussi l'employé qui est autoritaire et qui prend beaucoup de place dans le groupe. Il a besoin d'avoir toute l'attention sur lui, c'est un dominateur. Il s'agit parfois d'un trouble de la personnalité, d'un trait de caractère très difficile à corriger.

3. Il y a aussi l'employé qui est marginal, qui est différent des autres par sa culture, son style de vie, sa religion, son handicap. Il adopte une attitude défensive dans le but de se protéger des préjugés ou des sarcasmes de ses collègues.

4. Puis il y a l'employé qui est démotivé, ne se sent pas à sa place et se sent captif de son emploi. Il apporte très peu au groupe et donne très peu de sa personne. Il ne critique pas, il est plutôt amorphe.

Selon l'opinion qu'on s'en fait, ces catégories peuvent être réparties en de nombreuses autres catégories et les auteurs ont d'ailleurs imaginé toutes sortes de termes originaux pour les nommer. Mais au-delà des catégories, c'est le niveau de tolérance du gestionnaire et de son équipe qui constitue le facteur le plus déterminant dans la gestion des employés problèmes.

Quand il faut intervenir auprès d'un employé problème, doit-on appliquer une démarche en particulier ?

Peu importe le genre de problème, il faut appliquer la démarche la plus simple, la plus honnête aussi. Il faut faire savoir à l'employé qu'il y a quelque chose qui ne va pas et chercher avec lui une façon de corriger la situation. Il s'agit de le rencontrer pour lui dire « J'ai de la difficulté avec telle chose », ou « Je ne comprends pas pourquoi tu réagis de cette façon », ou encore

« Je t'ai demandé à plusieurs reprises de revérifier tes chiffres, mais il y a encore des erreurs dans les rapports. J'aimerais qu'on trouve ensemble une solution, dès aujourd'hui. »

Il n'y a pas lieu de placer la personne dans une position d'infériorité. Ce qu'on veut, c'est entendre ce qu'elle pense de la situation, en discuter avec elle et aussi qu'elle collabore de bonne foi. Pour ça, il faut traiter la personne avec courtoisie et respect. Il faut aussi préserver le plus possible le caractère confidentiel de la rencontre face aux autres employés. On parle ici de discrétion, d'éthique.

La discussion va permettre d'en arriver à des résolutions de part et d'autre : « On fait quoi à partir de maintenant ? Dans combien de temps est-ce qu'on pourrait réévaluer la situation ? Sur quoi nous baserons-nous pour savoir si ça va mieux ? Qu'est-ce qu'on fera s'il n'y a pas de changement ? etc. »

Une telle rencontre peut très bien se dérouler dans le calme et la cordialité, même en présence d'un représentant syndical. Il faut simplement mettre l'employé à contribution dans le processus décisionnel. D'autre part, vous devez conserver un mémoire de cette rencontre, pour le cas où des mesures disciplinaires, comme une suspension ou un congédiement, deviendraient nécessaires. Ce mémoire tient en quelques notes écrites que vous conserverez dans vos dossiers. C'est la documentation du cas. En voici un exemple. N'hésitez pas à utiliser cet outil après chacune de vos rencontres de mise au point avec vos employés. Après quelque temps, lorsque vous relirez ces notes, vous remarquerez qu'elles vous auront permis

MÉMO DE RENCONTRE	
Nom de l'employé :	Date de la rencontre :
Fonction occupée au moment de la rencontre :	Personnes présentes à la rencontre :
Éléments discutés :	Durée de la rencontre :
	Ton de la rencontre en général (courtois, respectueux, confrontant, tendu, etc.) :
	Remarques sur la rencontre (s'il y a lieu) :
Décisions prises :	
Comment le changement pourra être mesuré :	
	Date fixée pour le suivi (rétroaction) :
	Étape suivante, s'il n'y a pas de changement :
	Mémo rédigé par :

d'évaluer la progression du dossier et, consé-quemment, de témoigner votre appréciation à vos employés pour leur collaboration.

Je discute parfois de mes cas problèmes avec d'autres gestionnaires, mais l'opinion de certains d'entre eux est si différente de la mienne que ça me rend hésitant à passer à l'action par la suite. Croyez-vous que je ferais mieux de ne pas les consulter?

Non, bien au contraire. Vous faites bien de les consulter parce qu'ils vous permettent d'enri-chir votre propre point de vue à leur contact. Mais prenez soin de ne consulter que des gens qui ont un rapport crédible avec cette problé-matique. Sollicitez l'aide des gens en qui vous avez confiance pour qu'ils vous fassent bénéfi-cier de leur vécu, de leurs conseils, de leurs mises en garde. Mais, ultimement, ce sera tou-jours vous qui déciderez de votre façon d'agir. Tentez simplement de comprendre leur raison-nement. Après avoir constaté à leur contact qu'il existe différentes façons d'aborder le cas qui vous préoccupe, vous aurez alors la possibi-lité de combiner les options qui vous convien-nent le mieux, c'est-à-dire celles qui tiennent compte de vos propres limites comme gestion-naire. Alors, ne voyez pas les différences de point de vue comme une menace pour vous, mais plutôt comme une opportunité d'enrichir votre propre point de vue.

Quelle attitude doit-on avoir avec un employé qui a un grand talent de manipulateur, et qui parvient par ses insinuations à semer la ziza-nie au sein de toute une équipe de travail? Résultat: tout le monde se méfie de tout le monde.

Il existe plus d'individus de ce genre qu'on le pense. Ce sont presque des dangers publics à cause de leur intelligence très vive et de leur

tempérament de conquérant, dépourvus de toute capacité d'empathie. Ce sont des gens qui ont besoin de beaucoup d'attention et qui sont très égocentriques. Il est extrêmement dommageable d'avoir une personne de ce genre dans une équipe et il y a d'ailleurs très peu de gestionnaires qui réussissent à surmon-ter une telle situation sans aide. Ces employés manipulateurs sont souvent dotés d'un grand pouvoir de séduction et ils bénéficient de beau-coup d'estime de la part des gens qui ne sont pas en relation étroite avec eux. Leur pouvoir destructeur est donc extrêmement subtil. C'est ce qui fait que les gestionnaires vont avoir de la difficulté à mettre des mots sur leur insa-tisfaction, sur leur inconfort face à cet employé. Il y aura toujours quelqu'un pour leur dire: « Ah oui? Pourtant, cet employé a l'air très bien! Chaque fois que je le vois, il est de bonne humeur. Bien sûr, c'est une personne qui a une forte personnalité, mais ça en prend des comme ça dans un groupe, tu ne penses pas? Je ne comprends pas ce que tu lui reproches. » C'est extrêmement dévastateur. Le gestion-naire va en venir à se remettre en question, à imaginer que finalement, c'est peut-être lui le problème, qu'il n'est pas à la hauteur comme patron, qu'effectivement cette personne-là a l'air d'être bien appréciée par d'autres que lui. C'est le résultat d'un harcèlement psychologi-que extrêmement subtil.

Avec un employé de ce genre, il n'y a pas de recette miracle. Il faut tenter de limiter les dommages causés par sa présence. La pre-mière chose que le gestionnaire doit faire, c'est d'essayer de mettre des mots sur le problème, ce qui est très difficile. Il doit pourtant réussir à nommer le malaise qu'il ressent, l'inconfort qu'il y a dans son équipe, l'influence négative causée par l'employé. Puis une fois qu'il a le vocabulaire approprié pour décrire la situation, il faut que le gestionnaire en parle. La pire chose à faire c'est de s'isoler. Il doit arriver à solliciter l'aide de son propre patron, l'amener à observer les mêmes choses que lui, pour qu'une action concertée puisse éventuellement être entreprise contre l'employé.

En tout temps, vous devez demeurer vigilant face à un tel employé, même lorsqu'il se montrera si attentionné et si sympathique que vous serez tenté de croire qu'il a changé. Mais, ce n'est pas qu'il aura changé. C'est plutôt qu'il sera en train de vous séduire à nouveau...

Que pensez-vous des employés qui sont d'éternels insatisfaits? Comment gérer ce genre d'employés?

La première question à poser à un éternel insatisfait c'est : « Qu'est-ce que tu suggères ? Plutôt que de simplement dénoncer un problème, amène-nous un pas plus loin et suggère aussi une solution. Parce que si toi tu considères que c'est un problème, il est possible que ça en soit un effectivement, et que d'autres pensent comme toi. Alors, je te demande d'élargir ta contribution et de nous suggérer une façon de régler le problème. Puis on verra dans quelle mesure cette solution est applicable et si elle ne l'est pas, on évaluera ce qui pourrait être fait. Mais on va se mettre en mode progression, évolution, amélioration et non pas strictement en mode dénonciation. »

Très souvent, les gens restent bouche bée devant une telle approche parce qu'ils n'ont pas réfléchi à la suite des choses. Le but, en fait, est d'occuper leur esprit à quelque chose de constructif en leur donnant le mandat de proposer une solution. Ça fonctionne dans 90 % des cas. Toutefois, soyez sincère dans votre démarche. Faites preuve d'ouverture d'esprit et de respect envers vos employés. N'abusez jamais de leur confiance.

Comment gérer une situation où un employé problème est indispensable à l'organisation à cause de son expertise technique?

Autrement dit, que faire lorsque l'on est captif d'un employé problème ? Le degré de compétence de l'employé est très élevé, mais son attitude vous oblige fréquemment à faire des concessions et, parfois même, à effectuer des remaniements dans l'organisation du travail. De plus, il est accaparant et dérangeant. Mais en dépit des problèmes qu'il vous occasionne, c'est une personne clé pour l'organisation ; le bilan de sa contribution est, somme toute, assez positif.

En premier lieu, l'employé sait-il qu'il vous dérange ? Il a le droit de savoir qu'il vous indispose. Dans la plupart des cas, à partir du moment où une personne comprend qu'elle déçoit son entourage, elle va faire preuve de bonne volonté et tenter d'améliorer la situation, afin d'être appréciée. Donc, dès le départ, il faut l'informer afin d'obtenir sa collaboration.

Mais si la personne ne veut pas ou ne peut pas changer, vous devrez alors vous demander : « Quel prix sommes-nous prêts à payer pour conserver son expertise technique ? » Vous devez savoir jusqu'à quel point vous pouvez endurer l'attitude de cette personne. Il vous faut donc déterminer votre seuil de tolérance, en mettant dans la balance les éléments positifs et les éléments négatifs de sa contribution. Lorsque le bilan cessera d'être positif, il vous sera plus facile de compenser les effets de son départ.

En attendant ce jour, il est possible que le prix à payer pour le garder à votre emploi soit d'endurer son attitude et de faire mille et une concessions pour répondre à ses exigences. Mais arrivera un jour où il cessera d'être une personne indispensable parce que le prix à payer sera devenu trop élevé. Avec le temps, d'autres employés arriveront à se démarquer par leur expertise et réussiront par leur compétence, à égaler l'employé problème. Pour cette raison, vous avez avantage à maintenir vos efforts de recrutement et à planifier sans tarder une relève pour vos employés. Ainsi, vous serez capable, le moment venu, de mettre quelqu'un d'autre à la place de votre employé problème. Vous aurez alors cessé d'être captif.

Ce n'est pas évident d'accommoder des employés dont la culture ou la religion entrent en conflit avec nos habitudes, comme pour l'horaire de travail ou les jours fériés. Il me semble que de nos jours, on en demande beaucoup aux gestionnaires, vous ne trouvez pas ?

*Oui et non. Le gestionnaire a la responsabilité d'obtenir le meilleur de l'équipe qui lui est confiée. S'il est incapable de faire preuve d'ouverture d'esprit et de souplesse face à de nouvelles circonstances, c'est qu'il est déjà dépassé comme gestionnaire. De nos jours, il est impensable qu'on puisse gérer du personnel sans tenir compte des différences individuelles. En ce sens, il est vrai qu'on en demande beaucoup aux gestionnaires, mais, désormais, ça ne saurait être autrement. Par ailleurs, le gestionnaire ne doit pas porter seul le poids de ses décisions. Il doit partager ses préoccupations avec ses employés et les mettre à contribution dans la recherche de la meilleure solution pour chacune des situations problématiques. Si les contraintes religieuses ou culturelles de certains membres de l'équipe constituent un problème, il faut que ces employés puissent comprendre en quoi ça constitue réellement un problème. Le gestionnaire doit les sensibiliser aux contraintes qu'ils occasionnent à la dynamique de groupe et à l'organisation du travail au quotidien. Et ils doivent être mis à con-*tribution pour rechercher la meilleure façon de composer avec tout ça, c'est-à-dire avec leurs propres besoins, mais aussi avec les besoins du gestionnaire et de l'équipe de travail. Il s'agit de faire preuve mutuellement d'ouverture d'esprit et de souplesse pour trouver la meilleure solution, dans les circonstances. C'est ce que l'on appelle des accommodements entre gens raisonnables et respectueux.

Il faut tenter d'obtenir un maximum de collaboration de leur part, chaque fois qu'il y a des réaménagements à faire. Par exemple, si l'un d'eux doit quitter le travail plus tôt pour se conformer à sa religion, y a-t-il un moment où il pourrait, en contrepartie, allonger ses heures ? Ce n'est pas uniquement la responsabilité du gestionnaire de jongler avec ces contraintes. Tout le monde doit être mis à contribution. Dans de tels cas, le gestionnaire doit donc s'ouvrir, au lieu de se fermer. Il doit solliciter la contribution de ses plus proches collaborateurs : ses employés.

Quels conseils donneriez-vous à un superviseur qui est victime de gestes d'intimidation répétés de la part d'un employé (regard défiant, ton cynique et menaçant) ? Quelle attitude doit-il adopter ?

Dans une telle situation, il est impératif d'estimer le potentiel de dangerosité de l'employé. Le gestionnaire pense-t-il que l'employé pourrait passer à l'acte en l'agressant physiquement ? Si la réponse est oui, il y a là un enjeu qui dépasse le cadre normal de gestion d'un superviseur. La situation nécessite une intervention concertée de la part de toute l'organisation. Le problème va devoir être résolu en équipe, en impliquant le superviseur, son supérieur hiérarchique, le service des ressources humaines, le service de sécurité et peut-être même le service des affaires juridiques. Au besoin, les intervenants peuvent être des consultants externes — conseiller en ressources humaines, agent de la paix, avocat.

Maintenant si on estime qu'il s'agit plutôt d'une très désagréable attitude de provocation, mais que l'employé n'a pas un réel potentiel de dangerosité, alors le superviseur a tout intérêt à essayer de se détacher émotionnellement de la situation. Il faut qu'il arrive à faire en sorte que l'intimidation de l'employé n'ait plus d'emprise sur lui. Il faut qu'il atteigne un état d'indifférence. Il faut même qu'il arrive à penser : « Bon, je le sais, il va chercher à m'intimider encore aujourd'hui, il va se montrer menaçant ; il va tenter de me déstabiliser d'une façon ou d'une autre. Je m'attends à ça, je suis prévenu. Donc, avant même que je le rencontre aujourd'hui, je me réconcilie avec l'idée qu'il va être désagréable avec moi. » Il ne faut pas défier l'employé, il ne faut pas non plus lui dire que son attitude ne nous atteint plus. Tout se joue dans le non-verbal.

Le superviseur doit se faire une carapace. Atteindre un tel niveau d'indifférence n'est pas chose facile, mais c'est l'approche la plus efficace. Lorsque l'on se montre vulnérable, ça encourage l'employé à continuer de nous intimider. Mais à partir du moment où ses tactiques d'intimidation ne nous impressionnent plus, ça a comme effet de banaliser la situation. On le prive donc d'une partie importante de son pouvoir. Pour se faire une armure, il suffit d'anticiper que l'employé va être désagréable, déplaisant avec nous. On s'y prépare mentalement et on s'y attend. Et lorsque ça se produit, on n'est pas déstabilisé puisqu'on s'y attendait. Ça ne nous dérange même plus. Et c'est lorsque vous atteignez ce niveau de détachement que vous remportez la victoire morale puisque son intention était de vous déstabiliser et que ça ne marche plus.

Je reconnais que je suis un gestionnaire très exigeant pour ce qui est de la qualité du travail, et que j'insiste beaucoup là-dessus. Mais l'autre jour, l'un de mes employés m'a prévenu qu'il déposerait une plainte pour harcèlement, si je continuais. Ça m'a beaucoup affecté. Quel poids devrais-je accorder à sa menace ?

Avec la législation sur le harcèlement psychologique, tous les gestionnaires sont appelés à être vigilants et à appliquer des principes de saine gestion. Comme la marge est parfois mince entre le harcèlement et ce qu'on appelle le droit de gérance, certains employés vont tenter d'interpréter les faits à leur avantage. Mais c'est vrai aussi pour certains gestionnaires qui abusent de leur pouvoir.

Si l'employé dénonce une situation abusive qui s'avère fondée, alors c'est tout à fait correct qu'il y ait eu intervention de sa part et il est normal que le gestionnaire doive s'amender. Mais par contre, dans les cas où la plainte est non fondée, il est effectivement très pénible et très ardu pour le gestionnaire d'être impliqué malgré lui dans un processus d'enquêtes à l'intérieur de son département. Pour éviter de se retrouver dans une telle situation, les gestionnaires développent le réflexe de gérer avec grande prudence, craignant toujours que leurs interventions auprès des employés ne soient interprétées comme du harcèlement. Ils adoptent une position défensive de repli, mais en réagissant ainsi, ils s'affaiblissent parce qu'ils assument leur rôle de gestionnaire avec moins de naturel, de spontanéité et d'efficacité.

Je pense qu'il est préférable pour un gestionnaire de rester naturel et d'accepter le risque de subir une plainte, s'il a la conviction que ses pratiques de gestion sont acceptables, saines et équitables. S'il devait y avoir enquête, il serait alors tout à fait à l'aise d'expliquer son raisonnement et ses façons de faire. Je crois qu'il vaut mieux prendre le risque de devoir s'expliquer que de gérer avec moins de naturel et de spontanéité.

D'autre part, si le gestionnaire se sent vulnérable parce qu'il sait au fond de lui-même qu'il aura de la difficulté à justifier ses actions au moment de l'enquête, alors c'est un signe que l'employé a probablement raison de le menacer de porter plainte. Dans un tel cas, le gestionnaire doit effectivement remettre en question ses pratiques de gestion.

Les programmes d'aide aux employés (PAE) sont-ils efficaces en général?

Oui, mais malheureusement ils ne sont pas utilisés autant qu'ils le pourraient. Il y a beaucoup d'employés qui auraient avantage à se prévaloir des services d'un tel programme d'aide individuelle, notamment pour bénéficier d'un soutien moral dans les périodes difficiles liées au travail. C'est un endroit où la personne peut reconsidérer les choix qu'elle fait, pour sa propre santé psychologique. Ça ne changera pas nécessairement sa vie, mais ça lui permettra de se soulager d'une partie de sa frustration, ce qui est déjà énorme.

Si l'employé n'a pas accès à un PAE, il peut recourir à des services sociaux, comme les lignes d'écoute spécialisées. En se confiant à un intervenant qualifié, l'employé peut exprimer sa colère, sa déception, sa détresse, ses valeurs, ses besoins. Il se soulage d'une partie du stress qui le paralyse et qui l'empêche de s'adapter à la situation ou d'y remédier. Quand on est dépassé par les événements et qu'il faut malgré tout continuer à donner le meilleur de soi au travail, c'est une période très pénible à traverser, si on n'a aucun soutien.

BLOC NOTES

Inscrivez les idées ou réflexions qui vous sont venues à l'esprit en lisant ce chapitre. Utilisez ensuite ces notes personnelles comme aide-mémoire pour la gestion de vos employés problèmes.

Chapitre 7

LA **GESTION** DU **TEMPS** ET DES **PRIORITÉS**

La plupart des gestionnaires que je rencontre sont débordés de travail, tout comme leurs employés, d'ailleurs. Vous avez mille choses à faire et vous souhaiteriez tellement toutes les faire ! Toutefois, vous savez d'avance que ce ne sera pas possible. Malgré tous vos efforts de planification, il y a certainement l'un de vos employés qui voudra discuter d'un problème avec vous ; votre patron vous convoquera peut-être à 5 minutes d'avis pour une réunion spéciale ; le serveur informatique tombera peut-être encore en panne pour quelques heures, vous empêchant de répondre à vos nombreux courriels ; et à travers ça, il y a aussi la garderie qui pourrait appeler pour que vous alliez récupérer votre enfant fiévreux. Ah oui, il y a aussi votre collègue qui sollicite votre implication dans le comité qu'il met sur pied ; et aussi le fournisseur qui vous appelle pour avoir des précisions sur les travaux que vous lui avez confiés.

On le sait, être gestionnaire, ce n'est surtout pas cette image du monsieur bedonnant qui a les pieds allongés sur son bureau et qui réfléchit, satisfait, à tous les bons coups qu'il s'apprête à faire. Non ! Désormais, il faut plutôt se représenter une personne qui court dans toutes les directions, qui sacrifie parfois son heure de lunch pour ne pas être trop en retard à la réunion suivante, qui apporte des dossiers à la maison pour travailler une ou deux heures lorsque les enfants seront couchés. Pas très joli comme image, me direz-vous ? C'est vrai, et la génération Y a probablement raison de ne pas vouloir adopter ce modèle !

Mais, il faut aussi reconnaître que les gestionnaires d'aujourd'hui, hommes et femmes, ont beaucoup de mérite. Ils sont continuellement sollicités de toutes parts et c'est une dose incroyable d'énergie physique et intellectuelle que ça exige d'eux ! Il y a des urgences à traiter, des informations à distribuer, des dossiers à déléguer, des actions à long terme à planifier, des projets à coordonner, et aussi, des banalités à régler.

Mais, comment faire pour composer avec tout ça ? De nombreux gestionnaires ont déjà essayé une quelconque méthode éprouvée de gestion des priorités. Après avoir suivi une formation d'un ou deux jours sur la façon d'organiser leur agenda, ils ont vainement tenté d'appliquer leurs nouvelles connaissances, croyant qu'enfin, ils seraient mieux organisés dans leur travail et qu'ils seraient désormais plus efficaces. Et pourtant, après 3 ou 4 semaines, les voilà qui sont à nouveau débordés, désorganisés, affolés ! Au travail, vous devez vous efforcer de rester calme, malgré la situation de débordement qui ne changera pas ! Acceptez ce fait : ce n'est pas une situation temporaire. Vous allez continuellement être plongé dans un raz de marée de choses à faire, avec trop peu de temps pour les faire. C'est désolant comme situation, mais c'est comme ça. On doit admettre que de nos jours, il est souvent difficile d'avoir la satisfaction du travail bien fait, avec le souci du détail, et bien planifié. On a le sentiment de travailler en surface, pas en profondeur.

Les dossiers s'empilent, les priorités sont continuellement chambardées, il faut faire avancer les choses en mettant des énergies ici et là, au gré des enjeux qui évoluent. On sait bien qu'on subira plus tard les conséquences d'un dossier vite bâclé. Mais on a beau engager du personnel supplémentaire, revoir l'organisation du travail, allonger les heures de bureau, la situation ne semble pas vraiment s'améliorer. Le plus grand dommage que cette situation occasionne, c'est de générer un niveau de stress important et constant chez les individus. Comme patron, ressentez-vous cet état d'alerte constant, de stress élevé qui fait maintenant partie de votre quotidien?

Alors, si c'est le cas, changez votre façon de gérer vos priorités au travail. Gérez-les désormais en fonction du niveau de stress que chaque dossier vous occasionne. N'ayez qu'un seul objectif: abaisser votre niveau de préoccupation. Faites-vous confiance! Votre niveau de préoccupation découle directement de votre connaissance des normes de performance dans votre organisation. Si un dossier vous cause plus de stress qu'un autre, c'est qu'il comporte un enjeu plus grand. Tenez-en compte. Occupez-vous d'abord de ce dossier. Faites baisser votre niveau de stress. Ne gérez votre temps et vos énergies qu'en fonction de votre niveau de stress. Mais d'abord, apprenez à admettre que vous êtes préoccupé et stressé...

LA GESTION PAR NIVEAUX DE STRESS: LA GPNS

Je m'arrête un moment et je me pose la question suivante: « *Qu'est-ce qu'il y a en arrière-plan, dans ma tête ? Qu'est-ce qui est présent de façon constante dans mon esprit ? Qu'est-ce qui m'empêche d'avoir l'esprit dégagé ?* » Une fois que vous aurez identifié ce courant de stress qui gruge subtilement vos énergies, agissez! Consacrez immédiatement du temps à cette préoccupation. Libérez-vous l'esprit de ce stress lancinant et pénible. Passez aux actes! Quand on réagit en posant un geste utile, on ressent la satisfaction d'avoir progressé. On ne fuit pas la situation, on l'affronte avec courage et détermination. Passer aux actes a pour effet de calmer le stress. Y a-t-il encore quelque chose qui vous stresse en arrière plan? Alors, agissez immédiatement sur ça aussi. Abaissez votre niveau de stress. Dégagez-vous l'esprit de ce qui vous préoccupe avec insistance, en ce moment même.

DES MOTS-CLÉS À RETENIR EN GESTION DU TEMPS ET DES PRIORITÉS

C comme dans COLLABORATION: traitez les autres avec respect et courtoisie et comptez sur eux. Ne vous isolez pas.

H comme dans HUMILITÉ: acceptez le fait que vous ne ferez pas de miracle!

A comme dans ALLÉGER : libérez-vous en premier de ce qui vous stresse le plus. Allégez votre esprit.

R comme dans RECENTRER : concentrez-vous sur vos principales sources de stress. Ne vous éparpillez pas.

T comme dans TOLÉRANCE : ne soyez pas rigide dans votre emploi du temps. Faites preuve de souplesse ; accueillez avec ouverture les revirements de situation et les nouvelles priorités qui s'imposent.

D comme dans DISCERNEMENT : soyez à l'écoute de ce qui se passe en vous, des émotions que vous éprouvez. Ça vous aidera à identifier clairement vos principales sources de stress pour ensuite agir en conséquence.

V comme dans VISION GLOBALE : prenez du recul, remettez les choses en perspective. Toutes les choses n'ont pas une importance égale. Sachez distinguer l'essentiel de l'accessoire !

D comme dans DISCIPLINE : appliquez-vous avec sérieux et rigueur dans ce que vous faites. Ne soyez pas paresseux. Donnez le meilleur de vous-même en tout temps.

Le cas de Cédric

Dernièrement, on m'a confié le mandat d'aider un jeune employé à devenir plus rigoureux dans la gestion de son temps. Cédric a 23 ans, il est diplômé en administration et est doté d'une intelligence vive. Il a bénéficié d'un encadrement familial riche et il adhère totalement aux valeurs que le clan familial lui a transmises. Il s'exprime avec beaucoup

(Suite à la page 127)

LA DÉMARCHE GPNS

1. Jetez sur papier tout ce que vous avez en tête. Libérez votre esprit. Faites l'inventaire de toutes vos préoccupations du moment (5 minutes) ;

2. À l'intérieur de cette liste, identifiez les 2 éléments qui vous occasionnent le plus de stress (1 minute) ;

3. Pour chacun de ces éléments, identifiez les 3 premiers gestes à poser pour faire progresser ce dossier, pour sortir du statu quo. Maintenez-vous à un niveau opérationnel, en optant pour des actions brèves, rapides. Ceci constitue votre plan d'action (5 minutes) ;

4. Concentrez-vous maintenant sur la réalisation de votre plan d'action. Commencez tout de suite ! Posez le premier geste, puis le second, et ainsi de suite. En quelques minutes seulement, vous aurez abaissé votre niveau de stress de façon substantielle. Ainsi, vous verrez plus clair pour la suite des choses. Vous serez plus disponible mentalement car vous aurez défait le nœud paralysant qui minait votre énergie et vous empêchait d'être efficace.

5. Lorsque vous vous sentirez à nouveau désorganisé, dépassé par trop de choses à faire en trop peu de temps, refaites l'exercice. En seulement 11 minutes, vous aurez le recul nécessaire pour retrouver votre efficacité.

Exercice : je priorise avec la GPNS

• Pensez à votre travail et à toutes les choses que vous avez à faire. Indiquez sur les lignes suivantes les premières choses qui vous viennent en tête, sans essayer de les classer.

1- _____

2- _____

3- _____

4- _____

5- _____

6- _____

7- _____

8- _____

9- _____

10- _____

• Maintenant, revoyez votre liste. Pour chacun des éléments que vous avez inscrit, soyez attentif à ce qui se passe en vous et indiquez ce que vous ressentez.

	COLONNE 1 JOIE, PLAISIR, ENTHOUSIASME	COLONNE 2 NEUTRALITÉ, ABSENCE D'ÉMOTION	COLONNE 3 INCERTITUDE, CONFUSION, DOUTE	COLONNE 4 STRESS, INCONFORT, VULNÉRABILITÉ, PEUR, PERTE DE CONTRÔLE
Élément 1				
Élément 2				
Élément 3				
Élément 4				
Élément 5				
Élément 6				
Élément 7				
Élément 8				
Élément 9				
Élément 10				

- Attardez-vous maintenant aux 2 éléments qui vous stressent le plus (colonne 4). Vous devez agir en priorité sur ces éléments afin d'abaisser votre niveau de stress et retrouver votre efficacité. Pour libérer votre esprit de ce stress paralysant, il vous faut passer à l'action.

Pour chacun de ces éléments, inscrivez les premières actions que vous devez entreprendre pour que ce dossier sorte du statu quo et progresse enfin. Pensez à des actions brèves, rapides. Inscrivez ces actions dans la grille suivante.

COLONNE 4   ÉLÉMENT NO. _____
Première action à entreprendre : _____
Deuxième action à entreprendre : _____
Troisième action à entreprendre : _____

COLONNE 4   ÉLÉMENT NO. _____
Première action à entreprendre : _____
Deuxième action à entreprendre : _____
Troisième action à entreprendre : _____

- Demandez-vous maintenant si vous pouvez entreprendre ces six actions immédiatement, avant toute autre chose. Si oui, vous serez libéré d'un grand stress et vous serez plus productif et plus efficace par la suite.

Mais s'il n'est pas possible d'entreprendre immédiatement chacune de ces six actions, vous devez alors en réaliser au moins une. Laquelle choisissez-vous ?

PRIORITÉ 1 (action immédiate) : _____

Cette action que vous venez de choisir constitue votre priorité 1 en GPNS. C'est ce que vous avez de plus urgent à faire, avant toutes vos autres priorités. Passez à l'action dès maintenant ! Ne remettez pas cette action à plus tard.

- Lorsque vous aurez réglé votre priorité 1, vous pourrez revenir aux autres éléments de la colonne 4. Souvenez-vous que les actions à poser doivent être brèves et rapides.

- Refaites cet exercice aussi souvent qu'il sera nécessaire : chaque fois que vous vous sentez stressé, vulnérable, dépassé par la charge de travail. Structurez votre temps en appliquant une gestion par niveau de stress. Ça vous permettra de maintenir votre efficacité dans votre travail.

d'aisance, a une très belle personnalité et possède beaucoup d'entregent. L'entreprise qui l'emploie compte sur lui pour longtemps et son supérieur immédiat est prêt à investir temps et argent pour le soutenir dans son développement professionnel. Bref, Cédric évolue dans des conditions enviables.

Les seules choses qu'on lui reproche, c'est d'être brouillon, éparpillé, de manquer de ponctualité et de méthode dans son travail. Il donne souvent l'impression d'être désorganisé.

Dès notre première rencontre, Cédric me demande de lui enseigner une méthode de
(Suite à la page 129)

Après cet exercice, comment vous sentez-vous?

JE M'ÉVALUE	OUI	NON
Je me sens plus calme	☐	☐
J'ai une meilleure vue d'ensemble de tout ce que j'ai à faire	☐	☐
Je me sens moins inquiet de me faire prendre en défaut dans mon travail	☐	☐
J'ai l'impression que la situation est moins dramatique qu'avant	☐	☐
Les choses m'apparaissent moins compliquées qu'avant	☐	☐
J'ai le goût de me replonger dans l'action	☐	☐
J'ai le sentiment de retrouver un certain contrôle sur mon emploi du temps	☐	☐
J'ai retrouvé une partie de mon énergie	☐	☐
J'ai retrouvé une partie de mon enthousiasme	☐	☐
J'ai retrouvé une partie de ma confiance en moi	☐	☐
Je me sens moins stressé	☐	☐
TOTAL	☐	☐

Attribuez-vous 1 point pour chaque « Oui » que vous avez coché.

Si vous avez obtenu entre 7 et 11 points, la GPNS est une méthode de gestion du temps qui vous convient très bien. Continuez de l'appliquer. Vous avez correctement identifié vos priorités.

Mais, si vous avez obtenu entre 1 et 6 points seulement, cet exercice vous indique que vous éprouvez en ce moment d'importantes difficultés à vous adapter à votre environnement de travail. Votre niveau d'énergie intellectuelle ou physique s'est détérioré au cours des dernières semaines et vous vous sentez dépassé. Des décisions s'imposent afin de préserver votre santé. Revoyez vos priorités!

CÉDRIC EXPÉRIMENTE LA GPNS

Dans un premier temps, j'ai demandé à Cédric de mettre sur papier toutes ses préoccupations, c'est-à-dire de faire émerger tout ce qui constitue une source de stress pour lui, ici et maintenant. À ce stade-ci, il n'y avait pas lieu de réfléchir, mais seulement de « se vider l'esprit ». Voici, pêle-mêle, ce que Cédric avait dans la tête:

- Réserver une salle pour la réunion de demain;
- Téléphoner à Micheline pour lui dire qu'elle doit être présente à cette réunion;
- Donner suite au courriel de mon patron sur le projet de réaménagement des locaux;
- Compléter le sondage sur le climat de travail;
- Identifier des fournisseurs potentiels pour les objets promotionnels;
- Téléphoner à ma sœur pour lui souhaiter un bon anniversaire;
- Compléter mon rapport de dépenses;

- Démarrer le projet de contrôle de la qualité ;
- Choisir un stagiaire ;
- Payer mon inscription au centre sportif ;
- Classer les documents qui sont sur mon bureau ;
- Commenter le document sur les modifications qui seront apportées au système informatique.

Après avoir jeté sur papier tout ce qui le tracassait, Cédric a maintenant une vue d'ensemble des principales sources de stress qui l'habitent en ce moment. Chacun de ces éléments est important pour lui, mais il est conscient qu'il n'arrivera pas à tout faire aujourd'hui. La prochaine étape consistera donc à sélectionner les éléments les plus stressants et à passer à l'action dès maintenant. Dans ce système, l'ordre des priorités est donc appelé à changer selon le moment de la journée, selon qu'on dispose de plusieurs heures devant nous ou qu'on soit déjà en fin de journée. L'objectif est d'éliminer le plus grand nombre possible de sources de stress avant de quitter le bureau.

Au moment d'identifier ce qui est le plus stressant pour lui, Cédric se rend bien compte que chacun de ces éléments n'a pas la même portée et que les enjeux sont bien différents les uns des autres. Vu de l'extérieur, on pourrait penser que «Donner suite au courriel de mon patron sur le projet de réaménagement des locaux» est plus important que «Téléphoner à ma sœur pour lui souhaiter un bon anniversaire». Mais, s'il ne doit choisir qu'un seul élément entre les deux, il est possible que Cédric ait raison de choisir le deuxième. Tout dépend du poids des conséquences lié à chaque élément. La gestion des priorités découle de la compréhension qu'on a des enjeux liés à chacun des éléments sur la liste. Une fois qu'il aura «abattu» sa source de stress principale, Cédric sera libéré d'une préoccupation majeure et il sera alors plus disponible mentalement pour passer aux autres éléments. Un stress intense non résolu a un effet paralysant sur l'intellect. Une réflexion s'impose alors, afin de redevenir disponible et efficace.

Dès le premier exercice, Cédric a réussi à débloquer deux dossiers : ceux qui le préoccupaient au plus haut point depuis plusieurs jours parce qu'il n'avait pas réussi à faire quoi que ce soit pour les faire progresser. Jusque-là, il se sentait envahi par le stress, affolé par le nombre de dossiers qui s'accumulaient sur son bureau. En dressant la liste de toutes ses préoccupations, il a été en mesure de relativiser l'importance de certains dossiers et de passer à l'action sans tarder sur ceux dont l'enjeu était le plus critique. Il a mis de l'ordre dans ses priorités en étant attentif au niveau de stress créé par chacun des éléments sur sa liste, ici et maintenant.

gestion de temps qu'il pourra apprendre par cœur et appliquer intégralement dans son travail. C'est que Cédric a beaucoup d'ambition et il est déterminé à surmonter un à un les obstacles qui pourraient nuire à son développement professionnel. Il fut donc bien étonné lorsque je lui dis qu'aucune méthode conventionnelle ne lui conviendrait !

Avant d'en arriver à cette conclusion, j'avais pris le temps d'écouter Cédric et d'essayer de cerner sa personnalité, ses valeurs, ses ambitions, ses préoccupations, ses insécurités. J'ai compris que Cédric n'avait encore jamais eu à faire face à des échecs importants et qu'il s'était toujours bien sorti des situations délicates dans lesquelles il avait pu se trouver. Bref, ses qualités avaient toujours suffi à compenser ses faiblesses.

Ainsi, il avait bien réussi ses études, même s'il ne planifiait pas de périodes pour étudier ou pour effectuer ses travaux de fin de session. Comme tant d'autres étudiants, il attendait à la dernière minute pour s'activer, alors que l'échéance ultime devenait une source de stress majeure! Dès lors, il se donnait à fond, travaillant jour et nuit, se concentrant sur la tâche à accomplir, renonçant sans trop de difficulté à ses loisirs habituels. Chaque fois, il a réussi à obtenir la note de passage. Il aurait sans doute obtenu une bien meilleure note s'il avait structuré son emploi du temps, s'il s'était donné la peine de planifier ses actions et s'il avait fait preuve de discipline. Mais son mode de fonctionnement réactif lui était naturel. Ça convenait à son tempérament.

Nous connaissons tous des gens qui nous impressionnent par leur aisance à organiser, à structurer les activités, à développer des systèmes. Dès leur plus jeune âge, ils prenaient plaisir à classer leurs documents personnels ou scolaires, utilisant des crayons de couleur pour mettre en évidence les éléments les plus importants. Ces personnes ont un sens inné de l'ordre et de la méthode, et ils aiment planifier et anticiper les événements. Mais Cédric n'est pas de ceux-là.

Maintenant qu'il se retrouve en milieu de travail, Cédric doit s'adapter aux besoins de l'organisation ; c'est pourquoi on attend de lui qu'il gère mieux son temps et ses priorités. Pour améliorer son efficacité, il lui faudra tou-

tefois une méthode simple et naturelle, qui convient à son tempérament. Cédric a donc appris à structurer son temps, non pas de façon rationnelle, mais plutôt de façon subjective, en ayant recours à la GPNS : la gestion des priorités par niveau de stress.

En tant que gestionnaire, vous pouvez utiliser le cas de Cédric (page 131) pour encourager une discussion ouverte avec vos employés sur le thème de la gestion du temps et des priorités.

Cette activité de groupe vous apportera les avantages suivants :

- Vos employés émettront quelques idées pratiques pour améliorer l'organisation du travail et l'efficacité du groupe ;
- Ils saisiront mieux les enjeux liés à leurs fonctions respectives ;
- Ils s'intéresseront à vos priorités en tant que patron ;
- Certains employés donneront des exemples concrets des difficultés qu'ils rencontrent dans la gestion de leurs priorités.

J'OBSERVE MA PROPRE ATTITUDE...

Tout en travaillant, je porte attention à ce que projette mon comportement (page 131).

JE DOIS ME RAPPELER QUE...

... quand je me sens affolé intérieurement, c'est que je commence à perdre mes moyens. Il est urgent que je me calme pour demeurer efficace. Je dois prendre des décisions et passer à l'action.

Activité de groupe : le cas de Cédric

Réunissez vos employés, distribuez-leur le cas de Cédric puis posez-leur les questions suivantes :

- D'après vous, pourquoi Cédric est-il intéressé à apprendre une méthode de gestion des priorités ? Quelles sont ses motivations ?
- Quelles sont les qualités de Cédric qui lui ont permis de bien réussir jusqu'à maintenant, tout en étant désordonné et brouillon ?
- Qu'est-ce qui vous dérange le plus chez les autres, parmi les caractéristiques suivantes et pourquoi ?
  1. être brouillon ;
  2. être éparpillé ;
  3. le manque de ponctualité ;
  4. le manque de méthode dans l'organisation du travail.
- D'après vous, à quelles conséquences Cédric est-il exposé, dans son travail, s'il n'adopte pas rapidement une méthode de gestion des priorités ?
- En fonction de votre propre vécu, quel conseil donneriez-vous à Cédric pour l'aider à devenir plus rigoureux dans son travail ?
- Vous reconnaissez-vous dans Cédric ? En quoi êtes-vous comme lui ? En quoi êtes-vous différent ?
- Dans quelles circonstances chacun des éléments de la liste de Cédric pourrait-il devenir la priorité 1 pour lui, selon l'approche de la GPNS ? Émettez des hypothèses quant au niveau de stress que chacun de ces éléments peut engendrer à un moment donné.

LES PIÈGES À ÉVITER

- ✓ Se laisser envahir par le stress ;
- ✓ Avoir une vision étroite de nos dossiers ;
- ✓ Renoncer à établir des priorités ;
- ✓ Procrastiner.

LES PRATIQUES GAGNANTES

- ✓ Réfléchir à ce qui nous apporte du stress ;
- ✓ Avoir une bonne compréhension des enjeux ;
- ✓ S'adapter aux circonstances ;
- ✓ Passer à l'action.

 ## Ce que projette mon comportement

	Oui	Non
L'image que je projette autour de moi est-elle le reflet de la façon dont je me sens intérieurement ?	☐	☐
Mon stress est-il apparent ?	☐	☐
Cette image que les autres ont de moi est-elle stimulante ou démotivante pour eux ?	☐	☐
Est-ce que j'utilise les autres comme soupape pour me libérer de mon surplus de stress ?	☐	☐
Est-ce que je suis une personne apaisante pour les gens qui sont stressés autour de moi ?	☐	☐
Est-ce que je suis capable de diminuer mon niveau de stress ?	☐	☐

JE POURRAI DIRE «MISSION ACCOMPLIE» LORSQUE...

... à la fin de mes journées, j'aurai le sentiment que les choses ont progressé, et que j'ai été efficace. J'aurai l'esprit libre de toute préoccupation majeure. Une action utile aura été posée quand je sentais la tension monter en moi. J'aurai le sentiment d'avoir une certaine emprise sur mon environnement personnel. Je me sentirai productif et en paix avec moi-même.

LE COURRIER DU LECTEUR

Si je ne devais utiliser qu'un seul outil de gestion des priorités, lequel me recommande-riez-vous ?

Les gestionnaires me posent fréquemment cette question. Sans hésiter, je vous recommande de mettre en pratique la gestion par niveau de stress (GPNS). Je crois fermement que cette approche est l'une des mieux adaptées au contexte des entreprises d'aujourd'hui. C'est une approche subjective qui tient compte des intérêts personnels du gestionnaire, dans le respect des objectifs organisationnels.

Est-ce que le niveau de stress le plus élevé correspond nécessairement à la priorité la plus importante ?

Habituellement, oui. Plus votre niveau de stress est élevé par rapport à une chose que vous n'arrivez pas à faire, pour quelque raison que ce soit, plus ça constitue un obstacle pour toutes les autres choses que vous avez à faire. Votre organisme peut épuiser inutilement son énergie par le simple fait de transporter une ou des sources de stress intense, partout où vous allez et dans tout ce que vous faites. Plus

vite vous réussirez à éliminer cette source de stress majeure, plus vite vous serez à nouveau disponible pour gérer efficacement les autres éléments.

Le stress en milieu de travail est causé par une préoccupation persistante. Votre source de stress majeure, ce qui vous préoccupe au plus haut point en ce moment, pourrait simplement être le coup de fil que vous devez donner à la garderie pour prévenir que vous allez récupérer votre petit en retard. Tant que ce n'est pas fait, vous n'avez pas l'esprit libre pour planifier votre réunion de cet après-midi ou de demain. Vous n'êtes donc pas aussi efficace que vous le pourriez. Votre priorité 1 est donc d'appeler à la garderie et non pas de planifier votre réunion. La première action à poser concernera la garderie. Ça prendra peut-être aussi peu qu'une minute de votre temps et pourtant ça fera une différence énorme sur votre rendement au travail.

Il serait tentant de faire en premier toutes ces petites choses qui ne prennent qu'une minute de notre temps...

Ce serait une erreur. Il ne faut pas oublier qu'un gestionnaire a une foule de petites choses à faire qui ne prennent qu'une minute de son temps mais il a aussi une foule de grandes choses à faire qui nécessitent plusieurs heures ! Il doit répartir son temps de la façon la plus efficace possible. Il doit prendre des décisions qui ont un impact à très court terme, et d'autres qui auront un impact à très long terme. C'est très exigeant parce que ce sont deux modes décisionnels différents ; l'un faisant appel à la structure opérationnelle, l'autre faisant appel à la structure analytique. Ce sont deux rythmes de travail qui s'opposent, et concilier ces deux rythmes relève parfois de la haute voltige ! Cette situation engendre sou-

vent beaucoup de stress chez le gestionnaire. La gestion par niveau de stress va l'aider à structurer son emploi du temps.

Une fois libéré de ma préoccupation majeure, je pourrai donc travailler plus librement?

Oui, c'est exact. Mais pour réussir à bien identifier vos préoccupations principales, vous devez être attentif à ce qui vous occasionne du stress. Ça semble simple, mais sachez que de nombreux individus ne sont pas capables de faire cet exercice d'introspection. Toutes leurs préoccupations s'entremêlent pour ne former qu'un seul gros nuage opaque dont ils se sentent prisonniers. Il faut arriver à segmenter ce nuage.

La segmentation est donc l'élément premier d'une saine gestion du stress?

En effet. La segmentation doit se faire aussi souvent que nécessaire, dès le moment où vous ressentez que vous êtes dépassé par les événements, que vous avez la tête pleine, que vous êtes inconfortable ou que vous n'êtes plus efficace. C'est le temps de libérer votre esprit, de tout jeter sur papier. Ensuite, demandez-vous où se trouve la principale source de stress là-dedans. La source de stress principale n'est pas nécessairement la chose qui exige le plus de temps, ni le dossier le plus complexe. Ça peut très bien être un dossier de moindre importance, mais qui est devenu très préoccupant, étant donné que vous n'avez pas encore trouvé le temps de vous y pencher, durant les derniers mois. Des situations de ce genre, tous les gestionnaires en vivent et ça leur occasionne beaucoup d'inconfort. C'était une priorité mineure à l'époque, mais avec le temps, c'est devenu une priorité majeure. Elle engendre maintenant un haut niveau de stress.

Donc, le niveau de priorité des dossiers change tout le temps?

Les priorités évoluent en fonction du contexte. Rien ne demeure fixe ou stable pendant bien longtemps. Tout ça est très dynamique. Une priorité est quelque chose de totalement subjectif, parce qu'elle est évaluée en fonction d'un ensemble de choses que vous jugez plus ou moins importantes, selon les circonstances. Quand vous éliminez un élément dans la liste des choses à faire, toutes vos priorités peuvent s'en trouver modifiées. Donc, tout ça est extrêmement relatif. Le but ultime est d'identifier la source de stress principale qui nuit à notre efficacité dans l'immédiat. Réglons-la et passons à la priorité suivante.

Comment savoir si j'ai fait les bons choix?

En appliquant une gestion par niveau de stress, vous vous sentirez généralement plus solide, plus confiant et plus sûr de vous. Vous sentirez que vous êtes moins vulnérable.

Mais la gestion par niveaux de stress n'est-elle pas une gestion réactive plutôt que proactive?

C'est vrai que c'est une gestion réactive, mais c'est avant tout une gestion réaliste. C'est une gestion qui s'adapte aux circonstances. Il y a une raison qui fait en sorte qu'on éprouve un stress plus élevé pour une chose plutôt que pour une autre. Si nous ne sommes pas attentif à ce stress et à sa cause, nous nous privons d'une source précieuse d'informations qui nous aiderait à nous adapter aux circonstances. La gestion par niveau de stress est un système qui vise à réduire le stress à son minimum, tout en permettant d'éprouver la satisfaction du devoir accompli. C'est une gestion qui va dans le sens des responsabilités et de l'effort, mais aussi d'une gestion qui se préoccupe de la santé physique et mentale. Transporter avec soi un niveau de stress important, sur une longue période et sans y apporter de correctifs, est extrêmement dommageable. Il faut, à un moment donné, reconnaître qu'il y a certaines choses qui nous stressent au point où on peut être inefficace ou perdre intérêt dans ce que l'on fait, ou encore au point où ça peut nous rendre malade. Bien qu'elle soit réactive plutôt que proactive, la GPNS est un exercice d'introspection exigeant, qui ne laisse aucune place à la paresse intellectuelle ou à la procrastination.

D'autres systèmes de gestion du temps et des priorités peuvent-ils aussi être efficaces ?

Bien sûr. Certains systèmes sont beaucoup plus structurés et ils visent une planification très détaillée de toutes nos activités. L'important est d'adopter un système qui convient à notre tempérament et avec lequel on sera confortable, c'est-à-dire un système qui nous apparaît simple et facile à utiliser. La structure mentale est une chose très personnelle ; il serait utopique de croire qu'un seul et même système peut convenir à tout le monde !

Mais ne pensez-vous pas qu'il existe des gens qui sont totalement incapables de s'organiser, de structurer leur temps ?

C'est vrai. Certaines personnes n'arrivent tout simplement pas à comprendre les exigences de leur environnement de travail. Elles sont incapables d'évaluer les enjeux liés à leurs responsabilités. Mais ça représente une assez faible portion de travailleurs. En général, les employés savent très bien évaluer les risques et les opportunités relatifs à leur travail. Ils savent que si telle chose n'est pas faite, ça va entraîner des conséquences plus graves que si telle autre n'est pas faite. On travaille tous en

fonction des conséquences. D'instinct, on cherche à limiter les conséquences négatives, à limiter le plus possible les dégâts. Notre niveau de stress est un indicateur du danger que l'on perçoit, des conséquences négatives qui nous guettent et que l'on veut éviter. Plus nous sommes sensible aux enjeux inhérents, plus nous avons la capacité d'agir efficacement. Par conséquent, un employé qui possède une bonne compréhension de son environnement de travail, une bonne sensibilité organisationnelle, sera nettement plus efficace dans la gestion de son temps et l'établissement de ses priorités.

L'expérience des autres peut-elle quand même nous aider dans ce domaine ?

Évidemment ! Dès l'entrée en fonction d'un nouvel employé, il est tout à fait souhaitable de le mettre en contact avec quelqu'un qui a déjà occupé le même emploi. Cette personne peut tout de suite lui donner des trucs ou lui expliquer pourquoi telle façon d'organiser l'information est plus efficace que telle autre. Des échanges de cette nature avec quelqu'un qui a plus d'expérience peuvent valoir bien plus qu'une journée de formation en gestion du temps et des priorités.

On peut aussi organiser de courtes réunions de 15 minutes dont l'objectif sera de permettre aux employés de chercher ensemble la façon de mieux organiser certains aspects du travail qui les concernent tous. C'est très efficace pour améliorer les façons de faire.

Les gestionnaires qui sont très performants ne sont-ils pas nécessairement des gens qui sont très organisés ? N'est-ce pas un trait typique ?

Pas nécessairement. Leur performance individuelle repose avant tout sur leur capacité de ménager la chèvre et le chou. Leur degré de performance repose davantage sur ça. Ils réussissent continuellement à s'adapter aux nouvelles urgences qui se pointent, au fur et à mesure que la journée avance. Ils ont un sens des priorités qui est basé sur leur compréhension éle- vée des enjeux au travail. La GPNS est donc intégrée à leur mode de fonctionnement. Ce sont des gens très flexibles sur le plan de la gestion des priorités. Ils tiennent compte de leur environnement, mais aussi de leurs inté- rêts personnels.

BLOC NOTES

Inscrivez les idées ou réflexions qui vous sont venues à l'esprit en lisant ce chapitre. Utilisez ensuite ces notes personnelles comme aide-mémoire pour faciliter votre gestion du temps et des priorités.

Chapitre 8

LA **GESTION** DES **RÉUNIONS**

Il existe des réunions de toutes sortes et de différentes envergures, mais dans ce chapitre, nous nous attarderons aux réunions qui vous concernent, vous et vos employés, à l'intérieur de votre organisation.

Aimez-vous les réunions? Trouvez-vous qu'il y en a trop à votre agenda? Qu'est-ce que vous reprochez aux réunions? D'être trop longues? Pas assez structurées? De laisser trop de place à certains individus au détriment d'autres? D'être inutiles? De générer trop de travail? De ne pas aborder les vrais problèmes? D'être trop fréquentes?

Et les réunions que vous dirigez vous-même, sont-elles du même genre? Ne vous contentez pas de reproduire le modèle de réunion auquel tout le monde est habitué dans votre milieu de travail. Si ce modèle est insatisfaisant ou inefficace, alors essayez autre chose! Faites preuve d'un peu d'audace et sortez des sentiers battus. Si les réunions sont perçues comme un poids dans votre quotidien et dans celui des autres, alors peut-être pourriez-vous les rendre moins lourdes?

Une réunion est un moment privilégié de rencontre entre des gens qui ont un intérêt commun. Ce moment devrait être joyeux, stimulant, riche en contenu et en interactions. Pour favoriser une telle atmosphère, il est nécessaire que la personne chargée d'animer la réunion fasse preuve de leadership, et d'ouverture aux autres. Elle doit être attentive à ce qui se passe, elle doit favoriser le bien commun et l'esprit d'équipe; elle doit être sympathique, tout en faisant preuve d'assurance et de fermeté. Le succès d'une réunion dépend principalement de la personne qui l'anime. En tant que patron, considérez-vous que vous êtes un bon animateur? Que vos réunions sont productives et satisfaisantes?

L'ANIMATEUR

Lorsque vous convoquez une réunion avec vos employés, vous êtes responsable à 75% du succès de la réunion. En tant qu'animateur de la rencontre, vous avez effectivement une énorme responsabilité: celle de faire en sorte que vos employés quittent la réunion ressourcés, pleins d'énergie et d'enthousiasme! Euh... pas facile à faire, direz-vous. Je suis d'accord avec vous! Et pourtant, comme gestionnaire, ça fait partie de vos tâches d'organiser des réunions qui ne soient pas stériles et qui permettent à votre groupe de progresser, de se consolider et de s'exprimer. Les réunions devraient être des occasions exceptionnelles de mobiliser votre personnel autour de vos objectifs organisationnels.

Dernièrement, j'ai demandé à 10 gestionnaires comme vous ce qu'ils pensent des réunions. L'une des questions portait sur l'animation. Voici ce que chacun a répondu. Vous-même, qu'auriez-vous répondu ?

Un bon animateur est celui...

1. Qui possède bien le sujet, qui contrôle la réunion, qui respecte la période allouée, et qui permet aux participants de s'exprimer sans influencer leur opinion (respect).

2. Qui contrôle la réunion, qui donne de l'attention à chacun, qui favorise le consensus, qui maintient le rythme de la rencontre, qui rappelle les participants à l'ordre gentiment et qui favorise la bonne humeur.

3. Qui sait aller chercher ceux qui se ferment, qui s'en tient à l'ordre du jour, qui débute à l'heure et qui maintient l'attention sur le sujet.

4. Qui gère bien la discussion, qui distribue équitablement les droits de parole, qui restreint les discussions à deux.

5. Qui connaît ses dossiers et qui va contrôler la discussion. L'animateur ne doit surtout pas prendre toute la place, en donnant son opinion après chaque intervention des participants, ou en énonçant son point de vue d'entrée de jeu, car ça peut biaiser la discussion. Dans ce cas, il perd en crédibilité et on peut tomber dans l'obstination. Il doit aussi éviter les discussions à deux qui ne concernent pas les autres participants ou qui sont en dehors de l'ordre du jour. Il doit agir avec doigté cependant.

6. Qui a le sens de l'écoute, est assez ferme pour diriger, et donne à tous une chance égale de s'exprimer.

7. Qui est sensible aux réactions verbales et non-verbales. Il doit faire preuve d'intelligence émotionnelle.

8. Qui sait faire émerger tout ce qui est pertinent, même si les avis sont contradictoires. Le choc des points de vue est important dans une réunion. Il doit faire ressortir les tendances.

9. Qui donne la parole dans le bon ordre, qui sait interrompre à point, qui suit l'ordre du jour et qui reste en contrôle. Il doit être attentif au langage non-verbal et faire preuve de rigueur. Il joue aussi un rôle très important dans la gestion du temps.

10. Qui a le respect des participants, qui favorise un climat positif, serein, détendu, pour que la conclusion soit positive, dans l'intérêt de l'organisme. Il doit avoir du doigté.

Comme on peut le voir, les gens apprécient qu'un animateur fasse preuve de leadership, de rigueur et d'un bon sens de l'écoute.

C'est dans une réunion d'équipe que la vraie nature de votre leadership prendra tout son sens. Êtes-vous autocratique ou démocratique? Directif ou participatif? Êtes-vous un joueur d'équipe ou un solitaire? Le style d'animation que vous adoptez dans vos réunions en dit long sur votre style de gestion et sur votre rapport avec vos employés. Êtes-vous timide ou sûr de vous? Êtes-vous à l'aise parmi eux ou plutôt méfiant?

Voici les caractéristiques d'un animateur efficace. Peut-être possédez-vous déjà ces caractéristiques? L'animateur efficace:

- Fait preuve de sensibilité, d'attention, d'intelligence, de capacité d'analyse et de synthèse;
- Selon le moment, sait faire abstraction de ses propres valeurs, opinions et connaissances pour favoriser l'expression libre du point de vue de chacun;
- Dégage la discussion de tout excès d'émotivité pour aider le groupe à fonctionner sainement;

- Aide le groupe à parvenir à des conclusions et à des décisions;
- Ne s'interpose qu'au besoin, soit environ une fois sur cinq;
- Favorise le consensus;
- Maintient l'ordre dans la discussion;
- Termine la réunion à l'heure prévue.

LES RÉUNIONS

En tant que gestionnaire, peut-être aimeriez-vous proposer à vos employés d'adopter la charte suivante, qui fait état de leur responsabilité dans le succès de vos réunions. Encore mieux, demandez-leur de vous proposer une charte qu'ils auront eux-mêmes élaborée et qu'ils seront prêts à adopter officiellement pour la bonne marche des réunions. (Page 142)

L'ORDRE DU JOUR

Ce qu'on appelle l'ordre du jour est en fait le plan de la réunion. De quoi sera-t-il

 Les participants

Les participants ont eux aussi leur part de responsabilité dans le succès d'une réunion. Voici les quatre principales faiblesses que les animateurs déplorent chez les participants, en général. Ces faiblesses vous causent-elles de l'inconfort, à vous aussi? Si c'est le cas, faites en sorte de redresser la situation!

Réfléchissez bien aux situations suivantes et indiquez quel est votre niveau d'inconfort pour chacune.

LEURS FAIBLESSES	MON NIVEAU D'INCONFORT		
	FAIBLE	MODÉRÉ	ÉLEVÉ
Ils arrivent en retard à la réunion	☐	☐	☐
Ils sont peu ou pas préparés	☐	☐	☐
Ils sont indisciplinés pendant les discussions	☐	☐	☐
Certains ont un ego très fort qui monopolise toute l'attention	☐	☐	☐

LA CHARTE DE RÉUNION

La responsabilité des participants:

1. Arriver à l'heure;

2. Être bien préparés (documents lus, tâches accomplies, informations à jour);

3. Contribuer à l'avancement des travaux;

4. Être ouverts aux propositions et aux idées des autres;

5. Participer à la prise de décision;

6. Ne pas s'absenter durant la réunion;

7. Mettre les téléphones cellulaires et autres appareils en mode silencieux;

8. Quitter la réunion en même temps que tout le monde;

9. Respecter le rôle et l'autorité de l'animateur;

10. Faire preuve de courtoisie envers tous.

Date de mise à jour: _____

---

question lors de la rencontre? De quels dossiers parlerez-vous? L'ordre du jour permet aux participants de se préparer adéquatement et de comprendre l'intention, l'objectif de la rencontre. Dans votre environnement de travail, une simple convocation par courriel peut habituellement suffire comme ordre du jour, si elle contient les éléments suivants:

* Le nom du convocateur,
* La liste des participants,
* Le sujet de la réunion,
* La date et le lieu,
* L'heure de début et de fin,
* Les pré-requis,
* Les documents utiles (pièces jointes).

À titre d'exemple, voici le courriel qui a été préparé par la gestionnaire Carla. On y retrouve tous les éléments importants. Par la suite, nous nous attarderons au minutage de la rencontre, qui est une étape beaucoup plus détaillée.

Date: 5 décembre 2009

De: Directrice de la comptabilité
À: Planificateur, Réaménagement des espaces
Directeur adjoint, Télécommunications
Chargé de projet, Déménagement comptabilité
Chef de section, Comptes à payer
Chef de section, Comptes à recevoir
Chef de section, Paie
Chef de section, Analyses budgétaires
Adjointe administrative, Comptabilité

Objet: Déménagement du secteur Comptabilité/réunion le 14 décembre

Bonjour à tous,

Notre prochaine réunion aura lieu mardi le 14 décembre de 8h30 à 10h05 au local B-3932. À cette occasion, nous ferons le point sur les préparatifs du déménagement. Vous trouverez ci-joint la version la plus récente du plan de relocalisation des effectifs, ainsi que les politiques de l'entreprise sur la disposition du mobilier. Veuillez apporter avec vous la liste des besoins spécifiques dont il a été question à la réunion du 2 décembre, ainsi que tout autre document pertinent, s'il y a lieu.

Si vous êtes dans l'impossibilité d'être présent à la réunion, veuillez, s'il vous plaît, déléguer une personne pour vous représenter.

À bientôt,

Carla

LE MINUTAGE

Le minutage, ou chronométrage, est la planification détaillée de la rencontre, la programmation. Plus le minutage est juste et précis, plus la réunion est efficace. Avant la rencontre, l'animateur doit estimer combien de minutes devront être consacrées à chacun des points qu'il est essentiel de couvrir. Il doit répartir le temps total qui est alloué à la rencontre en fonction de ces points essentiels.

Il est possible que le temps alloué à la rencontre soit insuffisant pour couvrir tous les points essentiels. Il devra alors faire des choix, comme de reporter certains sujets à une réunion ultérieure, ou aborder plus rapidement l'ensemble des sujets. Quant aux points non essentiels, ils seront insérés dans l'ordre du jour en second lieu, et discutés en fonction du temps disponible à la fin. L'intention est de terminer la réunion à l'heure annoncée, pour permettre à chacun de respecter sans délai ses autres engagements.

Pour faire un bon minutage, l'animateur aura avantage à bien connaître les participants ainsi que les sujets qui seront abordés. Ainsi, il pourra prévoir que certains sujets susciteront des débats ou de nombreuses questions, et que d'autres seront réglés plus rapidement. Il tiendra compte aussi du fait que certains intervenants s'expriment longuement ou que d'autres ont besoin de plus de temps pour expliquer la problématique de leur dossier.

Le minutage doit être connu des participants avant le début de la rencontre. Le minutage indique aux participants quel est le poids relatif de chacun des sujets à l'intérieur de la réunion. Ainsi informés, il leur sera plus facile de se préparer et de structurer leurs interventions, en fonction du temps dont ils disposent. Et pour l'animateur, il est ainsi plus facile de garder le contrôle de la réunion si les débats s'enflamment ou qu'un participant monopolise toute l'attention. Il lui suffira de dire: *« Comme il faudra passer au point suivant dans 3 minutes, je vous demanderais de conclure, afin que nous puissions couvrir les autres points prévus à l'ordre du jour. Par ailleurs, si vous le jugez nécessaire, nous reviendrons sur ce point dans une prochaine réunion. »*

Le minutage est un élément-clé du succès d'une réunion. Un bon minutage dépend par ailleurs de l'expérience de l'animateur, de sa connaissance des dossiers et des participants. Il doit avoir une idée assez précise de l'ampleur de l'ordre du jour en regard de la nature des points à aborder. Il lui faut évaluer, décider du temps qu'il faut accorder à chacun des points. Il doit bien évaluer les enjeux et les diverses options, afin d'en tenir compte dans la répartition du temps de l'ordre du jour.

À la page suivante, vous trouverez un exemple de minutage pour la réunion de Carla, la directrice de la comptabilité.

Réunion du 14 décembre 2009
Objet : Déménagement du secteur Comptabilité
Coordonnées : Local B-3932, de 8 h 30 à 10 h 05

MINUTAGE

1. Explication sommaire du plan de relocalisation des effectifs : Directrice de la comptabilité, 5 min.

2. Tour de table sur les impacts du plan de relocalisation des effectifs :
   - Chef de section, Paie, 2 min.
   - Chef de section, Comptes à recevoir, 2 min.
   - Adjointe administrative, Comptabilité, 2 min.
   - Chef de section, Comptes à payer, 2 min.
   - Chef de section, Analyses budgétaires, 2 min.
   - Directrice de la comptabilité, 2 min.
   - Planificateur, Réaménagement des espaces, 2 min.
   - Directeur adjoint, Télécommunications, 2 min.
   - Chargé de projet, Déménagement comptabilité, 2 min.

3. Rappel de la politique de disposition du mobilier : Planificateur, Réaménagement des espaces, 2 min.

4. Questions et commentaires sur la disposition du mobilier : tous, 8 min.

5. Besoins spécifiques pour le déménagement :
   - Chef de section, Comptes à payer, 3 min.
   - Chef de section, Comptes à recevoir, 3 min.
   - Chef de section, Paie, 3 min.
   - Chef de section, Analyses budgétaires, 3 min.

6. Statut d'avancement du projet : Planificateur, Réaménagement des espaces, 3 min.

7. État d'avancement du projet : Directeur adjoint, Télécommunications, 3 min.

8. État d'avancement du projet : Adjointe administrative, Comptabilité, 3 min.

9. État d'avancement du projet : Chargé de projet, Déménagement comptabilité, 6 min.

10. Mise en commun et discussion sur l'avancement du projet : tous, 15 min.

11. Recommandations et actions à entreprendre : tous, 8 min.

12. Date de la prochaine réunion : Directrice de la comptabilité, 3 min.

En tant que responsable de la réunion, c'est elle qui a préparé l'ordre du jour et établi le minutage, en fonction de sa connaissance des intervenants et des différents dossiers dont il sera question. Si on additionne les minutes allouées à chacun des 12 points de la rencontre, on constate que le minutage de cette réunion est de 86 minutes.

La réunion étant très chargée, il lui faudra imposer un rythme rapide et soutenu à la rencontre, tout en s'assurant qu'aucune décision ne soit prise à la légère. Aussi, elle devra s'assurer que tous les participants auront pu exprimer leur point de vue et qu'aucun ne se sera refermé sur lui-même, du fait de se sentir bousculé. Si c'était le cas, elle portera à l'attention des participants que le temps alloué à certains points s'avère insuffisant et que pour cette raison, on pourrait créer un sous-comité ou ajouter une réunion complémentaire. Par ailleurs, elle ne remettra pas en question l'heure de fin de la rencontre.

On remarque que l'animatrice a prévu une rencontre d'une durée totale de 95 minutes. L'heure de fin plutôt inhabituelle (10 h 05) en fera sourire plus d'un. Toutefois, après avoir réévalué, corrigé et finalisé son minutage soigneusement, la directrice du département en est arrivée à la conclusion que le contenu de 86 minutes était tout à fait justifié. Mais outre ces 86 minutes de base, il lui fallait aussi, de façon réaliste, ajouter quelques minutes tampons pour des éléments tels que l'accueil des participants ou la distribution des documents. Des minutes tampons seront aussi utiles pour éponger les légers dépassements de temps qui pourraient survenir au cours de la rencontre.

Au total, la Directrice estima qu'une période tampon de 10 minutes serait suffisante, ce qui justifiait que la rencontre se termine à 10 h 05. Elle jugea qu'une réunion plus courte serait trop superficielle, tandis qu'une réunion plus longue n'était pas vraiment justifiée à ce moment-ci.

Quant aux participants, l'heure de fin leur indiquait qu'ils pouvaient accepter d'autres rendez-vous à partir de 10 h 05, et non pas à partir de 10 h. Lorsque les choses sont claires, tout devient plus facile pour tout le monde, même la gestion du temps.

Le minutage serré aura comme effet de garder les participants alertes et concentrés tout au long de la rencontre. Les périodes très courtes allouées à chacun facilitent l'écoute des participants et créent un enchaînement dynamique et diversifié. Si un participant « consomme » moins de temps que ce qui lui est alloué, les minutes économisées sont rajoutées à la période tampon, pouvant être redistribuées ailleurs, selon les besoins.

D'autre part, les participants auront le loisir d'échanger entre eux et de débattre de certains points dans la partie « Mise en commun » ainsi que pendant « Recommandations et actions à entreprendre ». Au cours de cette rencontre, chacun des participants jouera donc un rôle actif, tantôt pour parler de son dossier, tantôt pour faire connaître son point de vue lors des discussions en plénière.

C'est l'animatrice qui verra à équilibrer le droit de parole au cours de ces plénières. Dans la mesure du possible, elle devra aussi s'assurer que le groupe arrive à un consensus sur les suites à donner au projet (recommandations et actions à entreprendre). Le consensus est le moyen le plus sûr de favoriser l'adhésion et l'engagement des gens autour de certaines décisions. Le consensus est l'élément de base de la solidarité dans un groupe.

Il est vrai que planifier une telle réunion demande un temps d'arrêt et de réflexion. Il faut essayer de visualiser la rencontre et d'en estimer la complexité. Il faut environ 15 minutes pour établir un minutage qui soit réaliste, juste et précis. À cela s'ajoute un autre 15 minutes pour la planification globale de la rencontre (liste des participants, points à discuter et ordonnancement, réservation de la salle, envoi d'un courriel aux participants, etc.).

Il faut donc environ 30 minutes pour planifier une rencontre de ce genre. Certains diront qu'ils ne disposent pas de ces

30 minutes pour préparer leurs réunions. Libre à eux! Mais pour ceux qui y parviennent, les avantages sont multiples : l'objectif est plus clair ; chacun connaît mieux le niveau d'implication qui est attendu de sa part ; le contenu est riche et dense ; le rythme est soutenu et il n'y a aucune perte de temps. Bref, la réunion est dynamique et productive.

Dans ce cas-ci, la rencontre réunit 9 intervenants de 3 départements différents autour d'un projet complexe nécessitant une très bonne organisation du travail et une bonne collaboration de la part de chacun. Il serait difficile d'obtenir un résultat significatif sans y mettre au moins 30 minutes de préparation.

LE COMPTE-RENDU

Il est toujours souhaitable qu'un sommaire écrit soit produit à la suite d'une réunion. On y retrouvera tous les éléments qui ont caractérisé la rencontre, tels que la liste des participants, les sujets qui ont été abordés et les décisions qui ont été prises. Que l'on appelle ça un procès-verbal, un compte-rendu, un sommaire ou un résumé de rencontre, l'objectif est toujours le même : conserver un mémoire de ce qui s'est passé. Cela constitue en quelque sorte une preuve à l'appui, si des gens venaient à contester ou à remettre en question certains éléments.

Il existe des formats de rédaction très élaborés pour certains contextes, comme lors des conseils d'administration. Mais dans votre milieu de travail, il est plutôt rare de devoir être aussi formel. Un compte-rendu rédigé dans une forme très simple fera très bien l'affaire la plupart du

temps, s'il inclut les éléments suivants :
- La date ;
- Les participants ;
- Les décisions prises ;
- Les suivis et validations à venir ;
- Les responsables attitrés et les dates de retour ;
- Les points en suspens ;
- Les prochaines étapes et la date de la prochaine réunion.

Voici un exemple de compte-rendu très simple qui a été rédigé en 5 minutes par la gestionnaire, Carla, et qu'elle a fait parvenir aux participants par courriel. Il inclut tous les éléments essentiels.

```
Date : 15 décembre 2009

De : Directrice de la comptabilité
À : Planificateur, Réaménagement des
espaces
Chargé de projet, Déménagement
comptabilité
Directeur adjoint,
Télécommunications
Chef de section, Comptes à payer
Chef de section, Comptes à recevoir
Chef de section, Paie
Chef de section, Analyses
budgétaires
Adjointe administrative,
Comptabilité

CC : Vice-présidente, Administration

Objet : Déménagement du secteur
Comptabilité/sommaire du
14 décembre


Bonjour,
   La réunion du 14 décembre a été
très productive et de nombreux
aspects du déménagement ont pu être
éclaircis. Sur la recommandation du
```

directeur adjoint aux Télécommunications, il a été décidé que la relocalisation des employés de la section Comptes à recevoir serait reportée au 3 février. Quant aux autres sections, la date du 28 janvier demeure inchangée.

Avant la prochaine réunion qui a été fixée au 21 décembre à 8 h 30, la section Paie et la section Comptes à recevoir devront transmettre la liste finale de leurs besoins spécifiques au Chargé de projet Déménagement comptabilité.

L'adjointe administrative Comptabilité les assistera dans l'élaboration de la liste.

Je vous souhaite une bonne journée,

Carla

LA PLANIFICATION DE LA RÉUNION

Dans ce tableau, vous trouverez des éléments sur lesquels il vaut la peine de vous attarder pour bien planifier vos réunions.

AIDE-MÉMOIRE POUR LA PLANIFICATION DES RÉUNIONS

POURQUOI ?

La réunion est-elle vraiment nécessaire ?

Quel est l'objectif de la réunion ?

Quel niveau de priorité doit être accordé à cette réunion ?

QUI ?

Quelles sont les personnes concernées par cette réunion ?

Parmi ces personnes, lesquelles sont essentielles pour que la réunion puisse avoir lieu ?

Certains individus viennent-ils à contrecœur ?

Y a-t-il des guerres ouvertes ou des rivalités connues entre certains des participants ?

Y a-t-il des fauteurs de trouble parmi les participants ?

QUAND ?

Quel est le meilleur moment pour réunir ces personnes ?

Avez-vous vérifié leurs disponibilités ?

Leur avez-vous envoyé une convocation ou un rappel ?

OÙ ?

Quelle atmosphère voulez-vous créer ?

Avez-vous besoin que la salle soit insonorisée ?

Quelle devrait être la grandeur de la salle ?

Comment les tables devraient-elles être disposées ?

De quels équipements audio-visuels ou technologiques aurez-vous besoin ?

Devez-vous réserver la salle à l'avance ?

Les participants savent-ils où se trouve la salle ?

L'ORDRE DU JOUR

Pouvez-vous estimer le temps à accorder à chacun des sujets (minutage) ?

Quelle sera la durée de la réunion ?

Les participants pourront-ils proposer l'ajout de sujets à l'ordre du jour (varia) ?

Quels dossiers seront prioritaires si vous manquez de temps ?

Les participants doivent-ils apporter certains documents avec eux ?

L'ENVOI DES DOCUMENTS

À qui les documents préliminaires doivent-ils être envoyés ?

Certaines lectures sont-elles essentielles ?

Quand leur ferez-vous parvenir ces documents ?

LE DÉBUT ET LA FIN

À quelle heure, au plus tard, devrez-vous commencer la réunion malgré les retardataires ?

Devez-vous prévoir une pause pendant la réunion ?

Quelle sera la durée de la pause ?

Si vous manquez de temps, proposerez-vous une réunion complémentaire ou la création de sous-comités ?

LA PRISE DE DÉCISION

Les participants seront-ils appelés à voter ?

Le vote sera-t-il ouvert ou confidentiel ?

Si le vote s'avère neutre, que proposerez-vous pour la suite ?

LE NOMBRE DE PARTICIPANTS

La taille du groupe vous permettra-t-elle de faire des tours de table ?

Devriez-vous prévoir un microphone ?

Les participants devront-ils lever la main pour parler ?

Aurez-vous besoin de cartons de table pour l'identification des participants ?

Les participants pourront-ils tous bien vous voir en tant qu'animateur ?

Y aura-t-il des documents en quantité suffisante pour tout le monde ?

Y aura-t-il du café et des jus en quantité suffisante ?

L'ANIMATION

Quel rythme souhaitez-vous donner à la rencontre ?

Y aura-t-il des participants que vous ne connaissez pas ?

Possédez-vous une certaine connaissance des dossiers qui seront discutés ?

Serez-vous intimidé par la présence de certains individus ?

Comment aimeriez-vous vous comporter envers eux ?

LE COMPTE-RENDU

Qui se chargera de prendre des notes ?

À qui devrez-vous transmettre un compte-rendu de la rencontre ?

Dans quel format le compte-rendu devra-t-il être rédigé ?

L'ARCHIVAGE

Dans quel dossier ou fichier archiverez-vous le compte-rendu ?

Devriez-vous en conserver aussi une copie dans d'autres fichiers ?

GÉRER LE PERSONNEL

 Je fais un exercice en gestion des réunions

Au cours des prochains jours, je vais porter une attention spéciale au déroulement des réunions auxquelles j'assisterai. Je vais observer ce qui s'y passe. Je vais tenter de cerner les éléments clés d'une réunion efficace et stimulante. Comment se comporte l'animateur ? Comment s'établit le droit de parole entre les participants ? Y a-t-il beaucoup de pertes de temps ? Quelle est l'humeur des gens ? Je chercherai à comprendre pourquoi certaines réunions fonctionnent mieux que d'autres. Et ensuite, j'essaierai de mettre en pratique le meilleur de tout ça dans mes propres réunions !

- L'objectif de la rencontre était clair;
- Les participants ont eu le temps de prendre connaissance des documents de travail avant la réunion;
- Les participants étaient à l'heure, ainsi que l'animateur;
- Le temps consacré à chaque point était défini à l'avance et connu de tous;
- L'heure de fin était établie à l'avance et connue de tous;
- Tous les points ont pu être abordés; il ne restait pas de point en suspens à la fin de la réunion;
- La présence de chacun des participants était pertinente et utile;
- Des décisions ont été prises, les dossiers ont évolué;
- Les actions à entreprendre ont été consignées par écrit, avec le nom des intervenants impliqués;
- Tous les participants ont eu la possibilité de s'exprimer pendant la réunion;
- Il y avait une bonne synergie entre les participants;
- Il y avait un bon rythme de progression, une bonne vitesse de croisière;
- La réunion s'est terminée à l'heure prévue.

DES MOTS-CLÉS À RETENIR EN GESTION DES RÉUNIONS

T comme dans TEMPS: vous êtes le gardien du temps, une richesse non renouvelable. Prenez-en bien soin!

O comme dans OBJECTIF: restez concentré sur le but de la rencontre. Ne vous éparpillez pas.

C comme dans COURTOISIE: veillez à ce que tous les participants apprécient la rencontre.

O comme dans OBSERVER: ouvrez les yeux sur ce qui se passe autour de vous et tenez-en compte.

P comme dans PRIORISER: faites des choix face aux priorités, puis faites preuve de souplesse par la suite.

O comme dans ORIENTER: conservez le contrôle de la rencontre et amenez tout le monde à bon port.

Q comme dans QUESTIONNER: intéressez-vous à ce que pensent les participants. Permettez-leur de s'exprimer.

Le cas de Porte à porte Inc.

Porte à porte Inc. est une entreprise manufacturière qui a été fondée à Trois-Rivières en 1984. Œuvrant dans le domaine des portes et fenêtres, sa clientèle s'est beaucoup diversifiée au fil des ans, rendant la gestion de l'entreprise de plus en plus complexe. Après quelques hésitations, les propriétaires ont finalement décidé d'investir dans un système intégré de gestion informatisée (MRP), en donnant la priorité aux secteurs des Ventes, de la Facturation et de l'Inventaire.

Trois comités de coordination ont été créés pour mener à bien ce projet d'envergure. Chacun des comités regroupe les représentants des unités de travail qui sont directement affectées par le changement de système informatique. Ainsi, le comité de coordination du module Inventaire compte 6 personnes, soit le chargé de projet informatique, le directeur de l'approvisionnement, le responsable de l'expédition, le programmeur-analyste, le directeur des ventes, et la préposée à la saisie des commandes.

Les membres de ce comité se rencontrent régulièrement depuis 8 mois pour assurer la progression du projet. Tout semble aller bon train; pourtant, au cours des dernières semaines, on a observé une baisse d'assiduité aux rencontres. Certains arrivent en retard, et d'autres sont tout simplement absents.

Préoccupé par cette situation, le directeur général de la compagnie demanda à l'un d'entre eux ce qui se passait. Voici la réponse qu'il obtint: « *Chacun de nous sait déjà ce qu'il a à faire, alors c'est inutile d'être présent à chacune des réunions du comité de coordination.* »

Vous pouvez utiliser le cas de Porte à porte inc. pour encourager une discussion ouverte avec vos employés, pour leur permettre de s'exprimer sur le thème de la gestion des réunions. Soyez attentif à ce que vous entendrez. Vous découvrirez dans leurs propos une foule d'informations sur leurs besoins, leurs insatisfactions et leurs motivations. Sachez en tenir compte dans votre approche de gestion !

L'activité de groupe qui suit vous apportera les avantages suivants :

- Vos employés donneront des exemples concrets de réunions inefficaces ;
- Ils proposeront quelques améliorations pour rendre les réunions plus dynamiques et efficaces ;
- Ils insisteront sur l'importance de la ponctualité aux réunions ;
- Ils suggéreront des incitatifs originaux pour discipliner les retardataires.

 Activité de groupe : le cas de Porte à porte Inc.

Réunissez vos employés, distribuez-leur le cas Porte à porte Inc., puis posez-leur les questions suivantes :

- **D'après vous, qu'est-ce qui pourrait expliquer la baisse d'assiduité des membres du module Inventaire aux réunions de coordination chez Porte à porte Inc. ?**
- **À votre avis, quel est le principal défaut des réunions dans la plupart des entreprises ?**
- **Pour vous, quel devrait être le nombre idéal de participants pour qu'une réunion soit efficace ?**
- **À votre avis, faut-il que chacun des participants s'exprime au cours d'une réunion ?**
- **À votre avis, est-il toujours nécessaire de faire un rapport écrit suite à une réunion (sommaire, procès-verbal, compte-rendu, courriel, etc.) ?**
- **Quelle sorte d'animateur appréciez-vous le plus dans une réunion ? Quelles sont ses caractéristiques ?**
- **Avez-vous des idées, des trucs à partager pour augmenter l'efficacité de nos réunions ?**

J'OBSERVE MA PROPRE ATTITUDE

Je vais « oser » demander à trois ou quatre de mes employés ce qu'ils pensent de mes réunions. S'ils répondent, un peu gênés, que tout va bien, c'est que tout ne va peut-être pas si bien. Je vais donc insister un peu et leur demander ce qui pourrait rendre nos réunions plus efficaces et stimulantes. Je vais faire preuve d'ouverture d'esprit et je vais sérieusement réfléchir à leurs suggestions.

JE DOIS ME RAPPELER QUE...

... chacune de mes réunions doit être une occasion de générer de l'énergie et de l'enthousiasme dans mon groupe. Les participants sont mes invités.

LES PIÈGES À ÉVITER

- ✓ Attendre les retardataires ;
- ✓ Ne pas déterminer la durée précise de la réunion ;
- ✓ S'éloigner de l'objectif de la rencontre ;
- ✓ Ne pas donner d'attention à tous les participants ;
- ✓ Prendre des décisions unilatérales, sans consulter ;
- ✓ Manquer de rigueur et de fermeté au besoin.

LES PRATIQUES GAGNANTES

- ✓ Planifier le minutage de la rencontre ;
- ✓ Commencer la réunion à l'heure ;
- ✓ Fixer à l'avance l'heure de fin de la réunion ;
- ✓ Maintenir un rythme soutenu pendant la rencontre ;

- ✓ Favoriser l'expression de tous les participants ;
- ✓ Rechercher le consensus ;
- ✓ Garder une trace écrite des décisions qui sont prises ;
- ✓ Adopter une charte des participants.

JE POURRAI DIRE « MISSION ACCOMPLIE » LORSQUE...

... j'aurai le sentiment que j'ai bien dirigé la réunion, que j'ai été un bon animateur. Les participants auront pris la parole, le ton aura été respectueux, l'ordre du jour de la rencontre aura été couvert. Il aura régné une énergie constructive dans la pièce. J'aurai senti que c'était beaucoup grâce à moi.

LE COURRIER DU LECTEUR

Que faire avec les personnes qui arrivent fréquemment en retard aux réunions ?

L'animateur doit commencer la réunion sans les retardataires. Il faut d'abord qu'il y ait eu une heure de début, fixée à l'avance et connue de tous. Habituellement, une réunion commence rapidement après l'heure fixée, soit le temps que les gens s'installent, se saluent, échangent quelques nouvelles entre eux. Une période de 2 ou 3 minutes est suffisante pour ça. Puis, si des participants manquent encore à l'appel, l'animateur doit commencer sans eux, par respect pour ceux qui sont à l'heure, mais aussi pour respecter le minutage de la réunion. En effet, il lui faudra terminer la réunion à l'heure prévue, peu importe l'heure à laquelle elle aura commencé.

Si on prend la mauvaise habitude de toujours attendre les retardataires avant de commencer, on leur enlève toute motivation d'arriver à l'heure, la prochaine fois. Le défi pour l'animateur est de donner du rythme à la rencontre et de la rendre productive et dynamique, en respectant le temps qui lui est alloué. Il ne peut donc pas se permettre d'attendre les retardataires.

Il arrive à l'occasion qu'un retardataire soit absolument nécessaire à la rencontre. Son absence temporaire peut être déstabilisante pour un animateur, car il est un élément clé de la réunion. Dans un tel cas, on peut essayer de réorganiser l'ordre du jour et commencer par des sujets mineurs ; on retarde ainsi le moment d'aborder les sujets pour lesquels la personne retardataire doit absolument être présente. La réunion peut progresser quand même, tout en permettant au retardaire d'arriver à temps pour les points essentiels.

Une autre possibilité est de ne rien changer à l'ordre du jour et de progresser normalement. Lorsque le retardataire arrive, on interrompt le cours de la réunion pendant 2 ou 3 minutes pour le mettre au fait de ce qui a été discuté et décidé jusqu'à maintenant. S'il y a lieu, la personne demandera de modifier les décisions avec lesquelles elle n'est pas en accord. La plupart des retardataires apprécieront cette approche, ce qui leur permet de s'intégrer à la rencontre rapidement tout en ayant moins nui à son bon fonctionnement. Car personne n'a de temps à perdre, que ce soit un commis ou un vice-président. La bonne progression d'une réunion devrait avoir préséance sur l'importance ou le statut des participants.

Que pensez-vous de l'idée d'imposer une pénalité aux employés qui arrivent en retard, pour les inciter à être à l'heure ?

Vous savez, les gens auront toujours de bonnes raisons pour ne pas être à l'heure. La meilleure façon de mettre fin aux retards, c'est de commencer les réunions à l'heure. Règle générale, les gens arrivent en retard en présumant que la réunion n'est pas encore commencée. Et ils ont raison la plupart du temps ! Mais quand un animateur a la réputation de commencer ses réunions à l'heure, le comportement des gens s'ajuste rapidement. Le retardataire sera gêné d'être en retard, il va entrer dans la pièce en se faisant discret et cherchera à ne pas attirer l'attention. Mais voilà que l'animateur souligne son arrivée en lui souhaitant la bienvenue ou même en le remerciant d'être présent ! Puis l'animateur reprend aussitôt le cours de la réunion, mais sans prendre le temps de résumer au retardataire ce qu'il a manqué. Voilà un moyen à la fois poli et très efficace pour instaurer rapidement une pratique de ponctualité.

On peut aussi utiliser les retards pour mettre de la vie dans l'équipe de façon amusante, pour créer des moments de détente ou de plaisir. Par exemple, on peut accueillir le retardataire en lui disant : « Yessss !!! C'est toi qui apportes les beignes la prochaine fois ! » C'est en même temps un rappel sympathique qu'il vaut mieux arriver à l'heure. Une réunion est une opportunité pour les gens de se côtoyer et d'être bien ensemble. Ce n'est pas une approche punitive et sévère qui favorisera ça. Il ne s'agit pas d'être autoritaire et rigide, car ça pourrait affecter négativement le climat de la rencontre.

Que pensez-vous des réunions qui ne font avancer aucun point à l'ordre du jour ?

Ces réunions sont totalement inutiles et elles sont un gaspillage de temps et d'énergie pour tout le monde. De telles réunions ont un effet très nuisible sur l'enthousiasme en milieu de travail. Les gens en ressortent contrariés et pressés de se retrouver ailleurs. L'animateur peut même y perdre en crédibilité.

Ça va à l'encontre des principes de mobilisation du personnel. Une réunion efficace devrait créer de l'énergie et de l'enthousiasme parmi les participants. Ça fait partie des responsabilités de l'animateur.

Que pensez-vous des gens qui ne cessent de s'absenter de la réunion pour répondre à leur téléphone cellulaire?

C'est extrêmement désagréable pour les autres; c'est un manque flagrant de courtoisie. Une réunion a une heure de début et une heure de fin et ça implique que chacun doive être attentif, disponible et concentré pendant cette période, afin de contribuer à l'efficacité et à la productivité du groupe. Il faut donc éliminer le plus possible les sources de distractions. Au moment de commencer la rencontre, l'animateur devrait d'ailleurs rappeler aux gens d'éteindre les cellulaires et autres Blackberry. La courtoisie est de mise en tout temps pendant une réunion.

Mais il y a certains emplois qui exigent d'être disponible à tout moment pour des situations d'urgence...

Vous avez raison, mais ce sont des exceptions. Si elle ne peut pas faire autrement que de s'absenter pendant la réunion pour répondre à ses appels, la personne doit alors le faire de façon aussi discrète que possible, pour ne pas interrompre le cours de la réunion. Elle doit par ailleurs comprendre et accepter que l'on devra progresser sans elle, et que des décisions pourront même être prises en son absence. Ses obligations particulières ne doivent pas retarder le travail des autres.

Que faire quand un employé affiche un fort leadership et qu'il prend toute la place aux dépens de l'animateur?

C'est le genre de situation qu'appréhendent tous les animateurs, et qui exige d'eux une bonne dose d'humilité. Il faut composer avec un tel individu, ne pas s'en faire un ennemi puisqu'il s'agit de quelqu'un qui est puissant dans le groupe par son fort leadership. Un participant qui prend autant de place dans la réunion et qui entraîne les autres dans son sillon ne constitue pas nécessairement une menace. Cependant, il faut veiller à ce que les différences de point de vue puissent s'exprimer librement. L'animateur doit donc faire en sorte que les autres personnes puissent s'exprimer aussi. Si ce n'est pas le cas, alors l'animateur doit gérer le droit de parole de chacun de façon courtoise, mais claire. Bien que délicate, la présence d'un tel individu dans une réunion ne décharge pas l'animateur de sa responsabilité d'assurer le succès de la réunion. Il doit demeurer le capitaine à bord de son bateau.

À quelle fréquence doit-on faire des réunions?

Il n'y a pas de limite à la fréquence des réunions, si elles sont utiles, productives et agréables. Les réunions servent à mettre tout le monde sur la même longueur d'onde, pour partager des informations, tenir des consultations ou recevoir des directives. Mais il est important qu'elles ne soient pas une perte de temps, parce que les gens ont bien d'autres choses à faire que de participer à une réunion. Ça doit leur être agréable, et ne pas être une source de contrariété dans leur emploi du temps déjà chargé.

Si les réunions servent à la planification du travail pour les jours à venir, elles peuvent être aussi fréquentes qu'une par semaine, ou aux deux semaines. Elles devront toutefois être très courtes, de 20 à 30 minutes, pas plus. Si les réunions ont lieu à toutes les semaines, il faut qu'elles aient une durée égale entre elles, pour pouvoir être intégrées à la routine de travail de chacun.

Si les réunions servent plutôt à passer en revue les projets en cours avec les responsables respectifs, elles peuvent être faites mensuellement ou aux 2 mois, et peuvent alors durer jusqu'à 90 minutes, dépendant du nombre d'intervenants autour de la table. Ce genre de réunion est bénéfique et stimulant pour toute l'équipe. C'est une occasion pour tout le monde de se retrouver, de passer un bon moment ensemble et de consolider l'esprit de groupe. C'est aussi une occasion pour le gestionnaire de réaligner les efforts de tout le monde et de jauger la santé des relations interpersonnelles dans son groupe en observant la façon dont les gens se parlent entre eux.

Quant aux réunions qui traitent des orientations de l'entreprise ou de sa position concurrentielle, elles peuvent être tenues biannuellement ou annuellement. Dans un tel cas, il s'agit davantage d'un point de presse à l'interne que d'une réunion cependant. La durée peut varier de 1 à 2 heures.

Mais, dans tous les cas, il est important de terminer la réunion à l'heure prévue. La réunion pourrait se terminer plus tôt, à l'occasion, mais jamais plus tard. Prenons par exemple une journée de formation à laquelle vous êtes inscrit et qui doit avoir lieu de 9 h à 17 h. Ça fait toujours plaisir de terminer quelques minutes avant 17 h, mais si le formateur parle encore à 17 h 10, alors là, il n'y a plus personne qui l'écoute ; tous les manuels seront déjà fermés et plusieurs quitteront à la hâte, dès que possible, un peu contrariés d'être à la course pour leurs autres obligations de fin de journée. De la même façon, une réunion peut se terminer quelques minutes avant l'heure annoncée, mais jamais plus tard. Ça s'avère

parfois difficile à faire, mais il faut tout de même s'y efforcer.

La fréquence des réunions s'établit non seulement en fonction de l'objectif et du contenu, mais aussi en fonction du temps alloué aux rencontres.

Je retarde souvent le moment d'organiser des réunions parce que je n'ai pas le temps de rédiger les ordres du jour ou les procès-verbaux. Croyez-vous que je fasse fausse-route ?

Oui. Lorsque vous êtes avec vos employés, vous devez appliquer la façon de faire qui est la plus simple et qui convient le mieux à votre contexte spécifique. Ne vous encombrez pas des règles de fonctionnement idéales, car l'idéal n'est pas nécessairement applicable à votre contexte.

Si vous n'avez pas le temps de rédiger un ordre du jour, alors trouvez un autre moyen pour informer vos employés de l'objectif de la réunion ; par l'envoi d'un simple courriel, par exemple. Puis, utilisez les premières minutes de la réunion pour établir avec eux le minutage, en tenant compte de la durée totale prévue pour la rencontre.

Si vous n'avez pas le temps de rédiger un procès-verbal ou un compte-rendu, alors, pendant la réunion, prenez des notes sur les décisions importantes qui sont prises. Puis, conservez ces notes dans votre bureau, en prenant soin d'y inscrire la date du jour. Voilà ! Vous avez au moins le minimum : un objectif connu de tous, une heure de fin connue de tous et une trace écrite de ce qui était important. En cas de besoin, vous pourrez toujours ressortir cette feuille de notes pour rappeler les décisions qui avaient été prises ce jour-là.

Il est préférable d'avoir des réunions imparfaites, sans ordre du jour et sans procès-verbal que pas de réunions du tout. Une réunion, c'est une opportunité de communication dans un groupe, de mise au point, de mobilisation. Une bonne réunion va générer de l'énergie et de l'enthousiasme chez les participants. Il serait dommage de s'en priver pour une question de bureaucratie !

Il faut toujours garder des traces écrites des décisions importantes qui ont été prises ?

Oui, toujours. Si on ne garde aucune trace de ces décisions, il y a de gros risques de confusion par la suite. Lors des réunions subséquentes, il se peut qu'on perde du temps à essayer de se rappeler exactement les décisions ou les actions à entreprendre sur lesquelles nous nous étions entendus. Les participants peuvent avoir des interprétations différentes et, avec le temps, on peut oublier des détails. C'est donc très important de consigner les décisions par écrit, pour qu'on puisse repartir de là plutôt que d'en discuter à nouveau. C'est une question de productivité. En conservant des traces de ces décisions, que ce soit sous forme de notes abrégées, de compte-rendu, de procès-verbal ou d'un simple courriel, on permet aux choses de progresser sans perte de temps.

Il y a toujours des personnes qui parlent trop dans les réunions. Comment faire pour équilibrer le droit de parole ?

Si une personne prend toute la place, il faut se permettre de l'interrompre gentiment en lui disant : « Pourrais-tu conclure rapidement s'il te plaît, parce qu'il faut bientôt passer au point suivant ? Merci beaucoup. » On peut aussi dire : « Ce serait intéressant d'avoir l'opinion des autres là-dessus. Toi et toi, qu'en pensez-vous ? ». En fait, il s'agit de créer un moment de diversion pour interrompre le flot de paroles de celui qui monopolise l'attention. L'animateur

doit faire preuve de « timing », et d'un brin d'audace à l'occasion, mais c'est nécessaire pour que la réunion soit efficace. L'animateur doit se permettre d'interrompre la personne avec tact, courtoisie, et avec naturel aussi. Il doit céder la parole à d'autres pour que tout le monde puisse profiter de la réunion.

L'animateur a aussi la responsabilité de s'assurer que les propos tenus soient des points intéressants pour la majorité des participants. Si on commence à détailler un aspect qui concerne seulement 2 personnes sur 8, les 6 autres risquent de décrocher. L'animateur doit veiller au bien du groupe tout le temps que dure la réunion.

Si une personne est hors d'ordre, on peut la ramener en disant : « C'est très intéressant tout ça mais malheureusement, on doit respecter le temps alloué pour que la réunion se termine à l'heure. Alors, si tu permets, on va maintenant poursuivre. »

C'est certain qu'il y a des gens qui s'expriment plus longuement ou plus souvent que d'autres ; mais si ça crée un déséquilibre ou un inconfort dans le groupe, l'animateur doit s'interposer. D'autant plus qu'il est le gardien du temps et qu'il devra terminer la réunion à l'heure annoncée. C'est une question de rythme et de discipline. Il doit maintenir l'ordre, pour le bien de tous.

Il y a aussi des gens qui, par tempérament, ne sont pas portés à parler et qui préfèrent se conformer à l'opinion des autres. Faut-il respecter leur choix d'être plus effacés ?

Il est permis de cibler, à tour de rôle, les personnes qui ne parlent pas suffisamment, de façon à les impliquer dans la discussion. On peut carrément leur demander : « Et toi, qu'en penses-tu ? » Si une personne répond : « Je n'ai pas d'opinion. », alors elle s'est quand même exprimée. L'animateur a la responsabilité d'aller vers ceux qui sont gênés ou plus effacés. Chacun doit avoir son importance dans une réunion, son droit de parole. C'est comme demander à des gens de voter à haute voix. Le résultat final tient compte de tous, même de ceux qui n'ont pas d'opinion. Le résultat final est la décision qui émane du groupe. Une personne a le droit d'être plus effacée, mais elle ne doit pas être oubliée pour autant.

Et si un participant se tait parce qu'il se renfrogne ou qu'il est fâché, faut-il aussi lui tendre une perche ?

Bien sûr ! Rappelons-nous qu'une réunion efficace doit générer de l'énergie et de l'enthousiasme chez les participants. Pas le contraire. La seule façon d'obtenir l'implication de tout le monde, c'est de permettre à chacun de dire ce qu'il pense, même si c'est pour marquer son désaccord ou exprimer sa contrariété.

L'animateur doit porter une attention spéciale à ces situations. Un bon animateur possède suffisamment de psychologie pour déceler les changements d'attitude ou de comportements parmi les participants. Il va être attentif au langage non-verbal et en tenir compte.

Par exemple, si une personne parlait beaucoup pendant la réunion et que tout à coup, elle baisse le regard, adopte une expression rigide et ne dit plus rien, alors c'est qu'elle s'est sentie heurtée par quelque chose qui vient de se produire. Quelque chose a créé une fermeture en elle, à un moment précis pendant la réunion. Un animateur attentif va vite comprendre ce qui s'est produit. Il va le voir au moment même où ça se passe. C'est une question de sensibilité. Tous les animateurs ne sont pas aussi habiles, mais un animateur expérimenté va sentir l'atmosphère, il va sentir ce qui se passe entre les gens, même s'il n'y a aucun

mot prononcé. Le non-verbal contient une grande richesse d'informations pour un animateur. Il peut alors tenter de récupérer la situation pour que la personne « réintègre » la réunion et contribue à nouveau aux discussions.

L'animateur doit s'assurer qu'en sortant de la réunion, les gens ne soient pas démotivés ou frustrés. C'est très important. Une réunion est une opportunité de mobilisation. Évidemment, le défi est parfois énorme, comme lorsqu'il faut annoncer une mauvaise nouvelle. Mais l'animateur doit quand même viser un résultat aussi positif que possible, en toutes circonstances. Plutôt que de voir les gens quitter la réunion en état de frustration et de fermeture, peut-être réussira-t-il, par sa sensibilité, à faire en sorte que les gens seront demeurés ouverts à la communication. L'animateur doit déterminer à l'avance dans quel état d'esprit il veut que les gens quittent la réunion. Il doit s'inspirer le plus possible d'un cadre de référence caractérisé par l'énergie et l'enthousiasme.

Est-il réaliste de favoriser la prise de décision par consensus quand on sait qu'il y aura des points de vue qui s'opposent dans la réunion ?

Le consensus est la forme la plus puissante de décision dans un groupe, parce qu'il repose sur l'implication de tous les participants réunis. Lorsque le gestionnaire prend seul une décision ou qu'il se plie à la majorité, il n'obtient pas nécessairement l'adhésion de tous ses employés. Il peut présumer que la directive sera suivie parce qu'elle émane de la direction, ce qui est souvent le cas ; mais il n'en demeure pas moins qu'une certaine résistance peut nuire à son application. Les employés aiment être consultés et participer à la prise de décision lorsque ça les concerne directement.

Lorsque l'animateur obtient un consensus, c'est que tout le monde est d'accord avec cette décision. Mais qui dit consensus, dit compromis. Vous ne pourrez pas obtenir de consensus si vous n'avez aucune flexibilité quant au résultat final. Le consensus est la solution de compromis la plus acceptable pour rallier tout le monde, même les dissidents. Il s'agit donc de rechercher dans les points de vue qui s'opposent les éléments qui ne posent pas de problème, qui ne sont pas remis en question, qui sont acceptables pour tous. Ça constitue le noyau du consensus.

Puis, l'animateur teste l'ouverture des opposants en proposant l'élargissement de l'entente avec des éléments additionnels. Ces éléments vont occasionner de nouvelles négociations ou discussions entre les participants, et vous serez probablement agréablement surpris de leur ouverture d'esprit, de leur capacité à assouplir leur position respective, pour le bien du groupe. Il est plutôt rare que des gens se braquent complètement lorsqu'ils ont l'opportunité d'entendre les arguments des gens autour d'eux.

Petit à petit, l'animateur tente de rapprocher les parties jusqu'au moment où il rencontre un nœud définitif et que les « négociations » ne progressent plus. L'animateur a alors atteint la limite de compromission des participants. Le consensus est le meilleur résultat que vous aurez pu obtenir dans ces circonstances. Les participants sont solidaires de ce qui a été convenu et ils y adhèrent volontairement, le consensus reflétant exactement la position du groupe, toutes positions individuelles confondues.

Cette décision basée sur le partage et le compromis est plus puissante qu'une décision unilatérale, ce qui compense certainement le fait que la décision du groupe soit différente de celle que vous auriez prise seul. La capacité de favoriser des consensus dans un groupe est un élément clé en mobilisation du personnel.

Mes employés semblent trouver les réunions ennuyeuses. Y a-t-il un moyen de rendre une réunion plus attrayante, plus stimulante pour mon personnel ?

Oui. Il s'agit d'abord de structurer la rencontre par un bon minutage. Quand les participants savent à quelle heure la réunion se terminera, ils sont beaucoup plus enclins à s'impliquer activement. Sans ça, les gens sont souvent indisciplinés, ce qui complique la tâche de l'animateur. Tout le monde parle en même temps, certains démarrent des conversations privées entre eux, d'autres consultent leur Blackberry, des gens se lèvent, se rassoient, sortent, interrompent, rient. Voilà une attitude de groupe qui dénote un manque évident de concentration quant à l'objectif de la réunion. Une façon de régler ça, c'est d'annoncer à l'avance à quelle heure la réunion se terminera. Il faut aussi maintenir un rythme égal et soutenu tout au long de la rencontre. Lorsque la planification du temps est faite de façon relativement serrée, ça ne laisse pas de place aux conversations non-pertinentes.

D'autre part, les gens peuvent bâiller ou perdre intérêt parce que la réunion est trop longue. Il est vrai qu'au-delà d'une heure et demie, les gens ont hâte que la réunion se termine ! N'oublions pas qu'au travail, nous sommes peu habitués à passer autant de temps sans bouger. Une pause de 10 minutes permettrait aux gens de se délier les muscles, de rendre des appels ou de fumer une cigarette. Mais soyez rigoureux dans la gestion du temps, n'attendez pas les retardataires pour reprendre, après la pause !

Aussi, pour les longues réunions, il peut être utile de recourir à des supports visuels pour maintenir l'attention des participants. Qu'on pense à des documents qu'on distribue, à un invité qui vient s'adresser au groupe, à des déplacements de l'animateur, etc. Il s'agit de créer des occasions pour les participants de bouger la tête, de promener leur regard d'un point à l'autre, de remuer un peu. Ça aide beaucoup à maintenir l'attention des participants.

L'un des moyens les plus utilisés est le montage diaporama de type Powerpoint. Ces présentations sont souvent critiquées pour leur longueur et leur excès de détails. On doit donc les utiliser uniquement comme support visuel pour permettre à l'œil d'être en mouvement, allant du diaporama à l'animateur, puis de retour au diaporama, puis encore à l'animateur, etc. Le diaporama ne doit comporter que des mots-clés ou des idées principales. S'il con-

tient plus que ça, les gens vont se concentrer uniquement là-dessus, et leur tête ne bougera pas suffisamment pour les garder alertes comme vous le souhaiteriez !

Mentionnons aussi qu'une réunion peut être très ennuyeuse, s'il n'y a que l'animateur qui parle. Il faut au contraire permettre à un maximum de gens de s'exprimer. N'hésitez pas à demander aux gens ce qu'ils pensent ; faites des tours de table pour entendre chacun des participants et créez des occasions de rire ensemble. Imaginez-vous dans le rôle d'une bonne mère ou d'un bon père de famille qui réunit ses enfants. Ne soyez pas malheureux d'être là, comme si vous étiez en face d'adversaires féroces. Tâchez plutôt d'être naturel et détendu. Ça donnera le ton à la réunion et tout le monde en bénéficiera.

BLOC NOTES

Inscrivez les idées ou réflexions qui vous sont venues à l'esprit en lisant ce chapitre. Utilisez ensuite ces notes personnelles comme aide-mémoire pour la gestion de vos réunions.

Remerciements

L'auteure tient à remercier tous les gestionnaires, collègues et amis qui ont contribué au *Courrier du lecteur* que l'on retrouve à la fin de chaque chapitre. Invités à faire connaître leurs préoccupations en gestion du personnel, ils ont fait parvenir à l'auteure plus de 200 questions fort pertinentes, lesquelles ont orienté le contenu de ce livre en lui donnant une perspective très actuelle.

Merci également à Isabelle Brochu, Annie Belhumeur et Marie-Pierre Tardif-Bédard pour leur collaboration tout au long de ce projet d'écriture.

L'auteure

B. Ps, M.B.A., CRHA, Adm.A

Diplômée en psychologie et en gestion, Isabelle Bédard travaille dans le domaine des ressources humaines depuis plusieurs années. Elle est présidente fondatrice de CIB Développement organisationnel, un cabinet conseils spécialisé en formation, recrutement et climat de travail. Comme coach professionnelle, elle apporte son soutien à des gestionnaires de tous les secteurs, avec une approche pragmatique et humaniste. Formatrice agréée par Emploi-Québec, elle est aussi chargée de cours à l'Université du Québec en Outaouais et conseillère en formation continue à l'Université Laval. Elle est membre de l'Ordre des conseillers en ressources humaines agréés du Québec, de la Société canadienne de psychologie et de l'Ordre des administrateurs agréés du Québec. Elle est déléguée à l'Association québécoise des établissements de santé et de services sociaux et vice-présidente du conseil d'administration de l'Institut Philippe-Pinel de Montréal.

Des formations en entreprise sont disponibles pour chacun des thèmes abordés dans ce livre. Pour obtenir plus d'informations, veuillez communiquer avec CIB Développement organisationnel <www.cib-rh.com>.

Liste des encadrés

Liste des exercices

Liste des cas vécus

Dans la même collection

Le savoir-dire en affaires, Nicole Simard

Mieux écouter pour se réaliser, Lise Christophe Laverdière

Ralentir pour réussir, David Bernard

Savoir innover en équipe, Sébastien Beaulieu et Luc-Antoine Malo

Vivre en forme sans violence, Claudie Pfeifer

Cet ouvrage, composé en Chantilly,
a été achevé d'imprimer le 29 décembre 2008
sur les presses de Métrolitho,
à Sherbroode, Québec,
pour le compte de Isabelle Quentin éditeur